미대엄마의
명화 미술 놀이

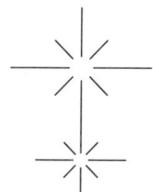 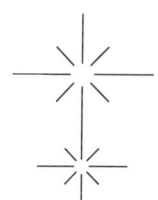

미대엄마의
명화 미술 놀이

창의력과 자기표현력을 키우는 예술 교육 로드맵

최미연(미대엄마), 안예나 지음

길벗

ⓒ 2025 The Andy Warhol Foundation for the Visual Arts, Inc. / Licensed by Artists Rights Society (ARS), New York - SACK, Seoul
ⓒ 2025 - Succession Pablo Picasso - SACK (Korea)

이 서적 내에 사용된 일부 작품은 SACK를 통해 ARS/Warhol Foundation, Picasso Administration 와 저작권 계약을 맺은 것입니다. 저작권법에 의하여 한국 내에서 보호를 받는 저작물이므로 무단 전재 및 복제를 금합니다.

창의력과 자기표현력을 키우는 예술 교육 로드맵
미대엄마의 명화 미술 놀이
Artist Mom's Art Class with Famous Paintings

초판 발행 · 2025년 10월 20일

지은이 · 최미연, 안예나
발행인 · 이종원
발행처 · (주)도서출판 길벗
출판사 등록일 · 1990년 12월 24일
주소 · 서울시 마포구 월드컵로 10길 56(서교동)
대표 전화 · 02)332-0931 | **팩스** · 02)323-0586
홈페이지 · www.gilbut.co.kr | **이메일** · gilbut@gilbut.co.kr

편집 팀장 · 민보람 | **기획 및 책임편집** · 백혜성(hsbaek@gilbut.co.kr)
제작 · 이준호, 손일순, 이진혁 | **마케팅** · 정경원, 김진영, 박민주, 류효정
유통혁신 · 한준희 | **영업관리** · 김명자 | **독자지원** · 윤정아
디자인 · 곰곰사무소 | **교정교열** · 한진영 | **CTP 출력·인쇄** · 교보피앤비 | **제본** · 경문제책

- 이 책은 저작권법의 보호를 받는 저작물로 이 책에 실린 모든 내용, 디자인, 이미지, 편집 구성은 허락 없이 복제하거나 다른 매체에 옮겨 실을 수 없습니다.
- 인공지능(AI) 기술 또는 시스템을 훈련하기 위해 이 책의 전체 내용은 물론 일부 문장도 사용하는 것을 금지합니다.
- 잘못 만든 책은 구입한 서점에서 바꿔 드립니다.

ⓒ 최미연·안예나

ISBN 979-11-407-1598-5 (13650)
(길벗 도서번호 020254)

정가 20,000원

독자의 1초까지 아껴주는 정성 길벗출판사
(주)도서출판 길벗 · IT단행본&교재, 성인어학, 교과서, 수험서, 경제경영, 교양, 자녀교육, 취미실용 www.gilbut.co.kr
길벗스쿨 · 국어학습, 수학학습, 주니어어학, 어린이단행본, 학습단행본 www.gilbutschool.co.kr

독자의 1초를 아껴주는 정성!

세상이 아무리 바쁘게 돌아가더라도

책까지 아무렇게나 빨리 만들 수는 없습니다.

인스턴트 식품 같은 책보다는

오래 익힌 술이나 장맛이 밴 책을 만들고 싶습니다.

땀 흘리며 일하는 당신을 위해

한 권 한 권 마음을 다해 만들겠습니다.

마지막 페이지에서 만날 새로운 당신을 위해

더 나은 길을 준비하겠습니다.

독자의 1초를 아껴주는 정성을 만나보십시오.

◆ 작가의 말 ◆

"명화를 통해
아이의 마음을
들여다보는 시간"

아이와 명화를 함께 본다는 것은, 단순히 그림을 보는 일만이 아니었습니다. "그림 속의 사람은 어떤 기분인 것 같아?"라는 제 질문에 아이는 "슬퍼 보여. 엄마가 오늘 화내서 나도 슬퍼."라고 답했습니다. 아이가 그림을 보며 나누는 대화를 통해 그림 속 인물과 본인의 감정을 자연스럽게 연결하는 모습을 보았어요. 그림이 아이의 마음을 들여다보는 창이라는 걸 깨달았던 순간입니다.

명화를 보고, 따라 그리고, 때로는 상상으로 이야기를 덧붙이며 아이와 함께 그림을 다시 만들어 보는 과정은 '그림을 그리는 시간'을 넘어 '마음을 나누는 시간'이 되었습니다. 아이의 말 한마디, 고른 색 하나, 서툰 비율의 사람 그림 안에 많은 감정과 생각이 숨어 있었어요. 함께 명화를 보고, 아이의 손으로 다시 그려내는 이 시간은 아이가 무엇을 느끼고 어떻게 세상을 바라보는지 조금 더 가까이에서 들여다볼 소중한 기회가 되었답니다.

이 책을 통해 "오늘 우리 아이가 어떤 마음으로 그림을 그렸을까?"라는 질문을 품어 보셨으면 좋겠습니다. 그 질문이 아이와 눈을 맞추고 나누는 따뜻한 대화로 이어지기를 바랍니다. 그림을 잘 그리는 것보다 마음을 헤아려 주는 시선이 더 필요하다는 사실을 아이들이 먼저 일깨워 주었습니다. 이 책이 그 따뜻한 시작이 되기를 기대합니다.

그림으로 마음 읽어주는 미대엄마

최미연 드림

"한 장의 그림, 한 번의 놀이 속에서
아이는 배우고, 부모는 자라고,
예술은 우리를 이어줍니다."

스무 해 넘게 그림을 그리고 십 년 넘게 아이들을 가르쳐 왔지만, '육아'는 저에게 전혀 다른 배움이었습니다. 아이를 품에 안고 살아가는 시간 속에서, 교육과 양육은 다르다는 사실을 깊이 느꼈습니다. 부모가 되기 전에는 작가로서 제 마음과 관객의 마음을 잇는 일에, 또 선생님으로서 아이들의 성장을 돕는 일에 집중했습니다. 하지만 부모가 된 지금은, 아이와 함께 만들어가는 작은 창작의 순간과 그 안에서 오가는 따뜻한 눈빛과 웃음이 더 소중해졌습니다. 제가 아이에게 전하고 싶은 예술은 기교나 완성도가 아니라 삶을 풍요롭게 하고 마음을 단단하게 세워주는 힘입니다.

예술을 어렵게만 느끼는 부모와 아이들에게, 쉽고 즐겁게 예술에 다가설 수 있는 길을 열어드리고자 했습니다. 다양한 재료와 활동 속에서 자신만의 표현을 발견하고, 작은 결과물 하나에도 성취와 기쁨을 함께 나누길 바랐습니다. 이러한 경험들이 아이에게는 자기표현의 첫걸음이 되고, 부모에게는 함께 성장하는 소중한 시간이 되기를 바랍니다. 그 길이 아이들의 삶에 든든한 디딤돌이 되고, 부모에게는 따뜻한 길잡이가 되기를 바라며 이 책을 집필했습니다.

창의융합미술콘텐츠연구소
안예나 드림

Contents

작가의 말 006
시작하기 전에 012

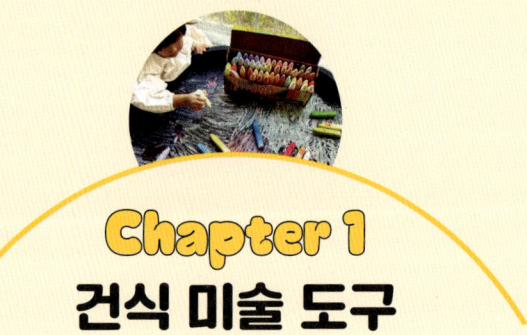

Chapter 1
건식 미술 도구

오일 파스텔
Oil Patel

016

- **명화 Pick!** 빈센트 반 고흐, <세 송이 해바라기> 022
- **추천 미술 놀이** 밤과 낮의 해바라기 024
- **명화 Pick!** 파울 클레, <스트럭처럴 2> 026
- **추천 미술 놀이** 스크래치 기법 실험 028
- **스페셜 페이지** ☀ 오일 파스텔로 그린 작품 보관 방법 030

파스텔
Pastel
032

- 명화 Pick! 에드가 드가, <핑크 발레리나들> ········· 038
- 추천 미술 놀이 파스텔로 발레리나 표현하기 ········· 040
- 명화 Pick! 바실리 칸딘스키, <무브먼트 1> ········· 042
- 추천 미술 놀이 추상 선 그리기 ········· 044
- 스페셜 페이지 ☀ 부러진 파스텔 재활용 방법 ········· 046

크레용
Crayon
048

- 명화 Pick! 에드바르 뭉크, <절규> ········· 052
- 추천 미술 놀이 뭉크의 절규 따라 하기 ········· 054
- 명화 Pick! 잭슨 폴록, <넘버 원> ········· 056
- 추천 미술 놀이 폴록의 추상화 따라 하기 ········· 058
- 스페셜 페이지 ☀ 자투리 크레용 재활용 방법 ········· 060

색연필
Colored Pencil
062

- 명화 Pick! 구스타프 클림트, <에밀리 플뢰게의 초상> ········· 068
- 추천 미술 놀이 패턴화 그리기 놀이 ········· 070
- 명화 Pick! 신사임당, <초충도> ········· 072
- 추천 미술 놀이 나만의 색연필화 초충도 그리기 ········· 074

연필과 목탄
Pencil & Charcoal
076

- 명화 Pick! 레오나르도 다 빈치, <수태고지를 위한 백합 드로잉> ········· 082
- 추천 미술 놀이 식물 세밀화 드로잉 ········· 084
- 명화 Pick! 앙리 마티스, <윤기 있는 머릿결의 나디아> ········· 086
- 추천 미술 놀이 관찰 목탄 드로잉 ········· 088
- 스페셜 페이지 ☀ 목탄 가루 활용법 및 작품 보관법 ········· 090

Chapter 2
습식 미술 도구

아크릴 물감
Acrylic Paint
094

- **명화 Pick!** 조르주 쇠라, <그랑자트섬의 일요일 오후> ... 098
- **추천 미술 놀이** 쇠라의 점묘화 그려보기 ... 100
- **명화 Pick!** 폴 세잔, <사과와 오렌지가 있는 정물> ... 102
- **추천 미술 놀이** 모델링 페이스트로 입체감 있는 사과 그리기 ... 104
- **스페셜 페이지** ☀ 다양한 표면 위에서 아크릴 활용하기 ... 106

수채화 물감
Watercolor
108

- **명화 Pick!** 모네, <수련> ... 114
- **추천 미술 놀이** 수채화 표현 기법 – 테이핑 & 비닐 ... 116
- **명화 Pick!** 잭슨 폴록, <무제> ... 118
- **추천 미술 놀이** 수채화 표현 기법 – 뿌리기 ... 120
- **스페셜 페이지** ☀ 종이에 따라 달라지는 수채화 느낌 ... 122

구아슈
Gouache
124

- **명화 Pick!** 루이스 웨인, <바이올린 연주자> ... 130
- **추천 미술 놀이** 구아슈로 그리는 동물 의인화 ... 132
- **명화 Pick!** 파울 클레, <성과 태양> ... 134
- **추천 미술 놀이** 기하학적 추상화 그려보기 ... 136
- **스페셜 페이지** ☀ 재료별 표현 방법과 보관법 ... 138

먹
Ink Stick
140

- **명화 Pick!** 김홍도, <서당> ... 146
- **추천 미술 놀이** 선의 아름다움 ... 148
- **명화 Pick!** 장승업, <호취도> ... 150
- **추천 미술 놀이** 수묵의 선과 번짐 ... 152

Chapter 3
공예 표현 기법

콜라주
Collage
156

- 명화 Pick! 빈센트 반 고흐, <별이 빛나는 밤> ············ 160
- 추천 미술 놀이 콜라주로 즐기는 <별이 빛나는 밤> ············ 162
- 명화 Pick! 앙리 마티스, <달팽이> ············ 164
- 추천 미술 놀이 종잇조각으로 느끼는 색과 리듬 ············ 166
- 명화 Pick! 파블로 피카소, <도라 마르의 초상> ············ 168
- 추천 미술 놀이 피카소식 얼굴 콜라주 ············ 170

판화
Art Print
172

- 명화 Pick! 앤디 워홀, <꽃> ············ 176
- 추천 미술 놀이 판화로 만나는 앤디 워홀 ············ 178
- ◆PLUS 추천 미술 놀이 우드락 판화 ············ 180
- ◆PLUS 추천 미술 놀이 프로타주 ············ 182
- ◆PLUS 추천 미술 놀이 지판화 ············ 184

조소
Sculpture
186

- 명화 Pick! 오귀스트 로댕, <생각하는 사람> ············ 190
- 추천 미술 놀이 몸의 구조와 균형 표현하기 ············ 192
- ◆PLUS 추천 미술 놀이 나만의 석고 컵받침 만들기 ············ 194
- ◆PLUS 추천 미술 놀이 접시 위에 나만의 이야기 그리기 ············ 196
- 스페셜 페이지 ☀ 타일 위의 예술, 아줄레주 ············ 198

◆ 시작하기 전에 ◆

이 책은 '감상'이 아니라 '대화'를 위한 책입니다. 명화를 분석하거나 설명하기보다는 아이의 시선으로 그림을 바라보고, 마음을 나누는 '그림 대화'의 시작점이 되기를 바랍니다. 그래서 이 책은 '무엇을 보았니?'라는 질문보다 "이 그림 속 사람은 무슨 생각을 하고 있을까?", "네가 저기 있었다면 어떤 기분이 들었을까?" 처럼 아이의 감정과 공감을 끌어내는 질문들로 구성되어 있습니다.

✳ 이 책을 활용할 때 주의할 점은 무엇일까요?

▷ 명화 앞에서 긴장하지 마세요.
　아무리 유명한 작품도, 아이에게는 한 장의 그림일 뿐이에요.

▷ 정답 대신 감정과 생각을 끌어내 주세요.
　'그림 해설서'가 아닌 '아이 마음 대화서'로 접근하세요.
　명화를 통해 아이의 성향, 감정, 상상력을 읽어내는 것이 핵심입니다.

▷ "그렇게 느꼈구나"라는 공감의 말 한마디가 중요해요.
　아이는 설명보다 '들어주는 사람'이 필요합니다.

무엇보다 중요한 것은 이 모든 과정이 '함께' 이뤄진다는 점입니다. 바쁜 일상에서 잠시 멈춰, 아이와 마주 앉아 그림을 보며 감정과 생각을 나누는 이 시간은 서로의 마음을 들여다보는 귀한 기회가 됩니다. 이 책이 그런 순간들을 위한 다정한 안내서이자, 부모와 아이가 함께 성장할 수 있는 예술적 언어가 되어주기를 바랍니다.

✳ 명화 놀이, 어떻게 시작하면 좋을까요?

아이들과 명화를 주제로 미술 놀이를 할 때 중요한 것은 '완성된 결과'가 아니라 과정 속의 대화와 감정의 흐름입니다. 미술은 아이에게 '무엇을 잘 그리는지'를 평가하는 활동이 아니라, 생각과 감정을 표현하는 언어가 되어야 합니다.

활동은 평균적으로 주 1~2회, 한 번에 20~40분 정도가 적당합니다. 아이가 몰입했다면 시간을 늘려도 좋지만, 억지로 이어가기보다는 자연스럽게 마무리하는 것이 더 중요합니다. 놀이 후에도 남은 그림을 함께 보며 짧은 대화를 나누는 것만으로도 깊은 인상을 남기는 시간이 될 수 있습니다.

☀ 아이 성향에 맞춘 접근법이 있을까요?

아이의 기질에 따라 놀이 방식도 달라질 수 있습니다.

▷ **조용하고 신중한 아이**

스스로 생각할 수 있는 여유를 주세요. 명화를 감상한 뒤 "이 그림에서 제일 먼저 눈에 들어오는 건 뭐야?" 같은 간단한 질문으로 감정과 주제를 끌어내면 좋습니다.

▷ **에너지가 넘치고 산만한 아이**

먼저 몸을 움직이는 활동부터 시작해 보세요.
재료를 자르는 콜라주, 색을 섞는 마블링 등 손과 몸을 쓰는 활동은 집중력을 돕습니다.

▷ **완벽주의 성향의 아이**

처음부터 결과에 집착할 수 있어요. "이 그림도 화가가 실수해서 다시 그렸을까?"처럼
실수도 예술이 될 수 있다는 점을 예술가의 사례를 통해 함께 상상해 보세요.

활동 전에는 워밍업으로 거울을 보며 얼굴을 관찰하거나, 그림 속 인물의 표정을 따라 해보는 놀이도 좋습니다. 무엇보다 중요한 것은 아이가 스스로 선택하고 표현할 수 있도록 도와주는 것입니다. "예쁘다" 같은 외형적 칭찬보다는 과정과 생각에 대한 공감과 격려를 해주세요.

Chapter 1

건식 미술 도구

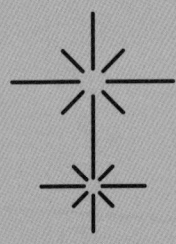

Oil Pastel

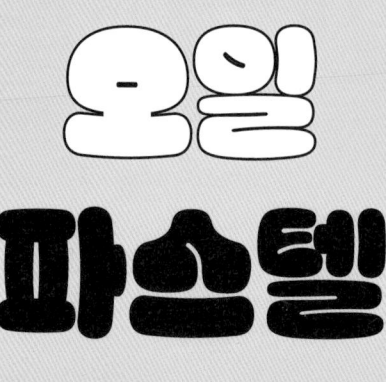

 오일 파스텔

◆ **오일 파스텔**은
◆ 무엇일까요?

오일 파스텔은 누구나 쉽게 접할 수 있는 대표적인 미술 재료입니다. 왁스와 야자나무 기름에 색소를 섞어 만든 재료로, 흔히 크레파스나 오일 크레용이라고도 불리죠. 이 재료는 단독으로 써서 그림 그리는 것은 물론, 유화 작품을 그리기 위한 밑그림(스케치) 용도로도 활용됩니다.

비교적 가격이 저렴하고 휴대가 간편해서 종이만 있다면 어디서든 손쉽게 미술을 즐길 수 있는 매력적인 도구입니다. 오일 파스텔은 부드러운 질감 덕분에 종이에 잘 발리고, 색연필보다 더 무르고 발색이 좋아 어린아이부터 성인까지 누구나 쉽게 사용할 수 있습니다. 특히 손힘이 약한 아이들이 쓰기도 적합해 미술의 즐거움을 쉽게 느낄 수 있도록 도와줍니다. 종이 위에 부드럽게 그려지는 감촉과 선명한 색감이 매력적인 오일 파스텔! 함께 사용해 보지 않으실래요?

🔵 오일 파스텔의 종류

오일 파스텔

수채 오일 파스텔

오일 파스텔로 그림을 그리면서 그 부드러운 질감을 느껴 보세요! 이 독특한 미술 재료는 색감이 불투명한 덕분에 여러 겹을 쌓아가며 더 깊은 표현을 낼 수 있어요.

오일 파스텔은 종이의 질감과 색상에 따라 완전히 다른 결과물을 만들어 냅니다. 매끄러운 종이 표면에서는 색상이 선명하게 발색하고, 종이의 질감이 거칠면 더 강렬한 텍스처와 개성 있는 표현이 가능합니다. 특히, 오일 파스텔의 블렌딩(색 혼합) 특성을 활용하면 부드럽고 자연스럽게 색을 전환할 수 있어 풍경화나 인물화 등 다양한 주제에 적합합니다.

또한, 다른 미술 재료와 병행하면 창의적인 효과를 낼 수 있습니다. 예를 들어, 유화 물감과 오일 파스텔을 함께 사용하면 유화 특유의 깊이와 오일 파스텔의 부드러운 터치를 결합한 독특한 표현이 가능합니다.

수채 오일 파스텔은 물을 사용해 수채화처럼 표현할 수 있는 독특한 재료입니다. 일반적인 오일 파스텔과 달리, 물과 반응하여 부드럽고 투명한 색감으로 변형되기 때문에 수채화 물감과 비슷한 효과를 낼 수 있죠. 특히, 물 조절이 까다로운 수채화 물감을 사용하는 데 어려움을 느끼는 아이들에게 적합한 재료입니다. 수채 오일 파스텔은 간단하게 물을 묻혀 문지르는 방식으로 색을 섞거나 번지게 할 수 있어, 수채화를 처음 접하는 사람도 쉽고 직관적으로 그림 그리기를 경험합니다.

또한, 정통 오일 파스텔 기법과 결합해 새로운 질감과 표현을 시도할 수도 있습니다. 예를 들어 재료가 건조한 상태에서 기본적인 드로잉을 완성한 후, 물을 이용해 부드럽게 색깔을 섞거나 색감을 확장하는 방식으로 창의적인 효과를 연출할 수 있습니다.

수채 오일 파스텔은 사용하기가 쉽고 재미있어 아이부터 성인까지 폭넓은 연령대에서 즐길 수 있는 훌륭한 미술 도구입니다.

🔵 오일 파스텔 사용법

오일 파스텔은 다양한 도구와 기법을 활용해 여러 독창적인 표현을 할 수 있는 다재다능한 재료입니다.

1. 블렌딩으로 깊이 있는 색감 표현
오일 파스텔은 부드럽게 섞이는 특성이 있어, 여러 색을 블렌딩하면 깊이 있는 색조를 만들어 낼 수 있어요. 손가락이나 도구를 사용해 색을 섞으면 자연스러운 그러데이션 효과를 만들 수 있어요.

2. 면봉을 활용한 섬세한 작업
면봉은 섬세한 디테일을 표현하거나 부드럽게 색을 섞는 데 유용합니다. 면봉 끝으로 부드럽게 문질러 주면 색이 자연스럽게 섞이며 질감을 살릴 수 있어요. 특히, 초보자도 간단하고 손쉽게 사용할 수 있는 방법입니다.

3. 찰필(Blending Stump)의 활용
찰필은 종이로 만든 블렌딩 도구로, 오일 파스텔을 세밀하게 혼합하거나 섬세한 음영 표현을 도와줍니다. 그림의 정교함을 높이고 싶을 때 사용하면 좋습니다. 부드러운 블렌딩으로 더욱 고급스러운 표현이 가능합니다.

4. 유화 나이프로 두꺼운 질감 표현
유화 나이프를 사용하면 오일 파스텔을 물감처럼 짓이겨 두껍고 독특한 질감을 연출할 수 있습니다. 이 기법은 입체적인 표현이 필요한 작품에 적합하며, 강렬한 질감을 통해 작품에 생동감을 더할 수 있어요.

🎨 오일 파스텔 활용 팁

팁을 참고해 오일 파스텔을 더욱 효과적으로 활용해 보세요. 다양한 기법과 도구를 사용하면 오일 파스텔의 활용성을 더욱 확장할 수 있습니다.

그러데이션 효과 연습하기
면봉, 휴지, 손가락 등을 사용해 색상을 부드럽게 섞어 자연스러운 그러데이션 효과를 만들어 보세요. 이런 연습은 오일 파스텔의 블렌딩 특성을 이해하는 데 큰 도움이 됩니다.

※ 오일 파스텔은 기름 성분이 강해 완벽하게 매끄러운 그러데이션을 만들기는 어렵지만, 종이 질감과 압력을 조절하면 부드러운 색 번짐을 충분히 표현할 수 있습니다.

색상표 만들어 보기
오일 파스텔을 처음 사용할 때는 색상표를 만들어 보세요. 사용하려는 종이에 따라 색감이 다르게 나타날 수 있으니, 종이별로 테스트해 보는 것도 좋은 방법입니다. 이렇게 하면 종이별로 색의 정확한 발색과 혼합 가능성을 미리 파악할 수 있습니다.

픽사티브(Fixative) 사용해 작품 보존
완성된 작품은 픽사티브(고정용 스프레이)를 뿌려 보관하세요. 픽사티브는 작품이 마찰이나 먼지로 인해 손상되지 않도록 보호하며, 색감과 질감을 오래 유지할 수 있도록 도와줍니다.

종이 질감과 색상별 효과 탐구
오일 파스텔은 사용하는 종이의 질감과 색상에 따라 완전히 다른 느낌을 냅니다. 매끄러운 종이는 선명한 색감을, 거친 종이는 풍부한 텍스처를 표현할 수 있습니다. 다양한 종이를 활용해 원하는 스타일을 탐구해 보세요.

다양한 바탕에서 활용
오일 파스텔은 불투명하고 크리미한 재질 덕분에 종이뿐만 아니라 캔버스, 나무, 심지어 유리 등 다양한 표면에도 사용할 수 있습니다. 바탕 재료에 따라 색감과 질감이 다르게 표현되니 창의적인 시도를 해보세요.

🫧 오일 파스텔 사용 시 주의 사항

오일 파스텔을 안전하고 효과적으로 사용하려면 다음 주의 사항을 꼭 지키세요.

입에 넣지 않기
오일 파스텔은 사용자가 무심코 입에 넣지 않도록 주의해야 합니다. 특히, 어린이가 사용할 때는 반드시 어른이 감독하며 지켜보면서 사용하게 하세요.

옷에 묻을 경우
오일 파스텔은 기름 성분이 포함되어 옷에 묻으면 세탁해도 완전히 지워지지 않을 수 있습니다. 작업 전에는 반드시 앞치마를 착용하거나, 옷에 묻지 않도록 작업 환경을 정리해 주세요. 팔토시를 활용하면 손목 주변의 오염도 예방할 수 있습니다.

힘 조절 필요
오일 파스텔은 부드럽고 크리미한 재료라 힘을 너무 세게 주면 부러지거나 지나치게 눌려 작업하기 어려울 수 있습니다. 손힘을 적당히 유지하며 사용하면 재료의 장점을 최대한 살릴 수 있습니다.

고온 및 화기 주의
오일 파스텔은 기름과 왁스로 구성되어 있어 고온에서는 녹거나 변형될 수 있습니다. 직사광선이나 화기 근처에는 두지 않도록 주의하며, 사용한 후에는 서늘하고 건조한 장소에 보관하는 것이 좋습니다.

| 미대엄마의 명화 Pick! | # 빈센트 반 고흐, <세 송이 해바라기>
Vincent van Gogh, Three Sunflowers in a vase |

🔵 명화 감상하기

빈센트 반 고흐, <세 송이 해바라기>, 1888

빈센트 반 고흐는 태양과 자연을 무척 사랑한 화가였어요!
1888년 프랑스 아를(Arles)에 머물던 그는 친구이자 동료 화가였던 폴 고갱을 맞이하기 위해 작업실을 해바라기 그림으로 가득 채우고자 했습니다. 해바라기는 고흐에게 '감사'와 '우정'을 상징하는 꽃이었죠.
<세 송이 해바라기> 작품 속에는 제목 그대로 큼직한 세 송이의 해바라기가 꽃병에 꽂혀 있습니다. 노란 꽃잎이 활짝 피어 있고 짙은 갈색 씨앗 부분이 또렷하게 드러나 있어요. 단순한 배경 덕분에 해바라기의 화사함이 한층 빛납니다.
이 작품에서 눈길을 끄는 건 고흐 특유의 임파스토 기법(Impasto, 유화 물감을 두껍게 발라 질감과 입체감을 강조하는 회화 기법)입니다. 물감을 두껍게 올리고 붓질의 방향과 질감을 그대로 살려 캔버스 위에 남겼죠. 가까이서 보면 한 번에 툭 찍은 붓 자국과 휘몰아치듯 그린 흔적이 생생하게 느껴져 꽃이 캔버스 위에서 살아 있는 듯 생생하게 느껴집니다.
이 작품을 보고 있으면 마치 해바라기가 태양을 향해 환하게 웃는 모습이 떠오릅니다. 고흐는 이 그림을 통해 따뜻함과 활력, 그리고 누군가를 향한 진심 어린 마음을 전하고 싶었던 것은 아닐까요?

아이와 함께 감상하기 Tip

1. 해바라기에 대한 이야기
이 작품 속에서 해바라기는 어떻게 표현되었을까?

2. 색상과 형태에 대한 이야기
작품의 색상과 특징을 관찰해 보자.

3. 해바라기에 대한 생각 이야기해 보기
해바라기는 무엇과 닮았을까?
고흐는 해바라기를 왜 좋아했을까?

4. 작품을 보고 드는 감정과 느낌을 이야기하기
해바라기와 작품의 색깔을 보며 어떤 감정과 느낌이 느껴질까?

추천 미술 놀이
밤과 낮의 해바라기

반 고흐는 주로 유화를 두껍게 칠해 질감과 볼륨감, 에너지가 넘치는 해바라기 작품을 그렸어요. 반 고흐의 〈해바라기〉는 오일 파스텔을 사용한 작품은 아니지만, 오일 파스텔의 장점인 선명한 색감과 부드러운 질감을 활용해 새롭게 표현해 보면 어떨까요?

준비물

흰색 도화지, 검은색 도화지, 오일 파스텔, 픽사티브(생략 가능하나 작품을 오래 보관하고 싶다면 꼭 준비해 주세요).

놀이과정

1 흰색과 검은색 도화지를 나란히 두고, 오일 파스텔 중에서 마음에 드는 색을 골라 두 종이에 해바라기를 똑같이 그려주세요.

2. 배경도 같은 색으로 두 종이에 칠해 주세요. 색을 겹겹이 쌓아가며 표현하면 깊이감이 생깁니다. 색을 여러 번 덧칠할수록 그림의 완성도가 높아져요!

3. 완성된 그림을 나란히 두고 전시해 보세요.

놀이 Tip

- 검은색 도화지와 흰색 도화지에 같은 색으로 해바라기 그림을 그려보세요. 배경 색의 차이에 따라 그림의 분위기가 어떻게 달라지는지 비교할 수 있어요.
  - 검은색 도화지에서는 오일 파스텔의 선명한 발색이 더욱 도드라지며, 밝은 색상이 어두운 배경 위에서 강렬한 대비 효과를 만들어 냅니다.
  - 흰색 도화지에서는 부드럽고 자연스러운 색감이 잘 표현되며, 해바라기의 따뜻한 색상이 조화롭게 어우러지는 느낌을 느낄 수 있어요.
- 오일 파스텔의 부드러운 질감을 활용해 꽃잎의 생동감을 표현해 보세요. 색을 여러 번 겹쳐 올리면 유화처럼 입체감 있는 질감을 만들 수 있어요.
- 이 놀이를 통해 색상과 배경의 관계, 그리고 오일 파스텔의 독특한 특징을 재미있게 탐구해 보세요.

| 미대엄마의 명화 Pick! | **파울 클레, <스트럭처럴 2>**
Paul Klee, Structural 2 |

명화 감상하기

파울 클레, <스트럭처럴 2>, 1924

파울 클레는 색과 모양을 가지고 자신만의 멋진 작품 세계를 만든 화가예요!

그는 독일에 있는 바우하우스(Bauhaus)라는 예술 학교에서 학생들을 가르치며, 새로운 재료와 그림 방법을 많이 실험했어요.

작품 〈스트럭처럴 2〉는 색을 여러 번 칠한 뒤, 윗부분을 긁어서 아래에 있는 색이 보이게 만든 작품이에요. 이런 방법을 스그라피토 기법(Sgraffito, 표면을 긁어내어 아래층의 색이나 재료를 드러내는 기법)이라고 해요. 이 기법을 활용하면 선과 무늬가 생기고 오래된 벽이나 옛날 지도를 보는 것 같은 느낌이 나요.

클레는 음악도 아주 좋아했어요. 그래서 그의 그림에는 마치 음악처럼 리듬이 느껴지는 선과 모양이 많아요. 〈스트럭처럴 2〉 속 선들도 규칙이 있는 듯하면서도 자유롭게 흘러가고 있어요.

가까이에서 보면, 긁어서 만든 선과 여러 겹의 물감이 겹쳐져 그림이 더 입체적이고 생동감 있어 보여요. 특히 이 그림에는 갈색과 주황색 같은 따뜻한 색이 쓰였는데, 흙과 땅의 포근함도 느낄 수 있어요. 클레는 이렇게 단순한 선과 색으로 우리가 평소에 잘 느끼지 못하는 마음과 생각을 표현했답니다.

〈스트럭처럴 2〉를 감상하며 여러분은 어떤 이야기를 상상하게 되나요? 파울 클레는 우리가 보지 못하는 세계를 상상하고 그 상상을 그림으로 표현하는 예술가였어요. 함께 <스트럭처럴 2>를 보며 그가 발견한 새로운 세계를 함께 탐험해 보세요.

아이와 함께 감상하기 Tip

1. 작품 속 선과 질감 이야기하기

이 그림에서 어떤 선들이 보이니? 이 선들을 보면 어떤 느낌이 들어?

2. 색깔 관찰하기

이 그림에는 어떤 색들이 쓰였을까? 따뜻한 색일까, 차가운 색일까?
이 색들을 보니 어떤 기분이 들어? 편안해? 아니면 신나는 느낌이야?

3. 음악과 연결지어 생각하기

만약 이 그림이 음악이라면, 어떤 소리가 들릴까? 빠르고 경쾌한 음악일까, 천천히 흐르는 음악일까?

4. 나만의 이야기를 만들어 보기

이 선들이 가리키는 곳은 어디일까? 우리가 그곳에 간다면 어떤 모험이 펼쳐질까?

* 그림을 단서로 상상 속 이야기를 만들어 보며 작품을 재미있게 탐구하세요.

5. 스크래치 기법 체험하기

우리도 파울 클레처럼 그림 속에 선과 이야기를 숨겨볼까? 다른 사람이 보면 무슨 이야기를 떠올릴까?

✦ 추천 미술 놀이 ●

스크래치 기법 실험

이 활동은 밑바탕 색칠부터 긁어내는 과정까지 파울 클레의 스크래치 기법을 직접 체험하며 상상력을 키울 수 있는 재미있는 미술 놀이예요! 밑바탕은 여러가지 색으로 자유롭게 칠해 보세요! 밝고 선명한 색을 사용하면 긁었을 때 더 화려하고 멋진 색이 드러나요.

 **준비물**

도화지, 오일 파스텔, 나무꼬치 또는 이쑤시개

 놀이과정

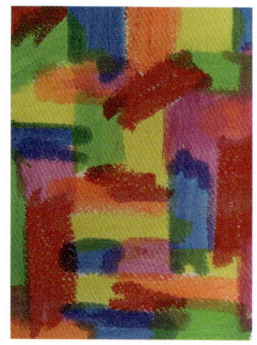

1. 밑바탕 색칠하기

도화지에 다양한 색의 크레파스나 오일 파스텔로 밑바탕을 자유롭게 칠합니다. 이때 파울 클레처럼 다양한 색을 조화롭게 쓰거나, 자신만의 패턴을 만들어 보세요. 바탕을 충분히 두껍게 칠하면 나중에 긁었을 때 색이 더 선명하게 드러납니다.

2 검은색으로 덮기
밑바탕 위에 검은색 크레파스나 오일 파스텔을 칠해 완전히 덮습니다. 칠이 고르게 되도록 세심하게 덮어야 긁었을 때 깨끗한 선이 나타납니다.

3 스크래치 기법으로 그림 그리기
긁을 수 있는 도구(나무꼬치, 이쑤시개 등)를 사용해 검정 부분을 살살 긁어냅니다. 선과 질감을 적절히 써서 건축물, 지형도, 추상적인 패턴 등 다양한 모양을 표현해 보세요. 파울 클레처럼 숨겨진 이야기를 상상하며 작품을 완성해도 좋습니다.

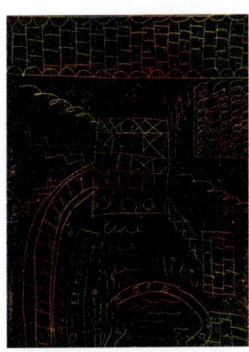

4
완성된 그림을 전시하고 이야기를 나눠 보세요. 긁어낸 선과 색의 대비를 함께 감상하며, 아이의 관찰력과 표현 감각을 이야기로 끌어내 보세요.

놀이 Tip
- 곡선과 직선, 점과 무늬를 자유롭게 조합해 상상력을 발휘해 보세요. 작품을 보며 상상 속 이야기를 만들어도 좋고, 함께 감상하며 창의적인 대화를 나눠보세요.
- 이 활동을 통해 색과 선의 관계를 배우고, 파울 클레처럼 창의적인 표현을 직접 실험할 수 있어요. 숨겨진 이야기가 드러나는 재미있는 미술 활동으로 상상력을 마음껏 펼쳐 보세요!

스페셜 페이지

오일 파스텔로 그린 작품 보관 방법

오일 파스텔은 기름 성분을 포함한 재료이기 때문에 시간이 지나면 번지거나 오염될 수 있어요. 아래 방법을 따라 작품을 안전하게 보관해 보세요.

1. 픽사티브 사용하기
- 픽사티브(Fixative)는 오일 파스텔이나 목탄 같은 재료를 고정시키는 재료로, 스프레이 형태입니다.
- 작품을 완성한 뒤 픽사티브를 고르게 뿌려주면, 오일 파스텔이 번지는 것을 방지하고 보관하기 편하게 해줘요.
- 사용 방법 :
  1. 작품을 환기가 잘 되는 곳에 세워 놓고, 표면에서 20~30cm 거리를 두고 스프레이를 고르게 분사합니다.
  2. 여러 번 얇게 뿌리는 것이 좋으며, 한 번에 두껍게 뿌리면 얼룩이 생길 수 있으니 주의하세요.

2. 유산지 또는 왁스 페이퍼 사용
- 픽사티브 사용이 어려운 경우, 작품 위에 유산지(베이킹 페이퍼)나 왁스 페이퍼를 덮어 보관합니다.
- 오일 파스텔은 표면이 끈적해 종이에 직접 닿으면 달라붙을 수 있으므로 보호지를 덮으면 마찰을 줄일 수 있습니다.

3. 액자에 넣기
- 작품을 오래 보존하려면 유리 또는 아크릴 커버가 있는 액자에 넣는 것이 가장 안전한 방법입니다.
- 액자에 넣을 때 작품과 유리 사이에 약간 틈이 생기도록 가장자리에 얇은 매트를 넣으면 작품이 유리와 직접 닿지 않아 번짐을 방지할 수 있습니다.

4. 서류철이나 클리어 파일에 보관
- 작품이 작으면 클리어 파일에 유산지를 한 장씩 끼워 넣어 보관하세요.
- 먼지와 습기로부터 작품을 보호하며, 여러 작품을 한 곳에 정리하기에 좋습니다.

5. 보관 장소 주의하기
- 오일 파스텔 작품은 직사광선, 습기, 고온에 약합니다.
- 햇빛이 닿지 않고 건조한 곳에 보관하며, 겹쳐둘 경우 눌리지 않도록 주의하세요.

6. 추가 팁
- 보관하기 전, 작품에 번진 부분을 확인하고 필요하면 수정한 후 픽사티브를 추가로 뿌리세요.
- 작품 뒷면에 기록(제목, 제작 날짜)을 남기면 나중에 기억하기 쉬워요.

Pastel

파스텔

Pastel 파스텔

◆ 건식 파스텔은
◆ 무엇일까요?

흔히 '파스텔'이라고 부르는 미술 재료가 바로 건식 파스텔입니다. 파스텔은 그림을 그릴 때 손쉽게 사용할 수 있는 매력적인 미술 재료예요. 이름부터 부드럽고 포근한 느낌을 주는 이 재료는 다양한 색깔과 질감을 가지고 있어서 많은 예술가들이 사랑합니다. 파스텔은 가루 형태의 색소를 바인더(접착제), 충전재와 섞어 만든 막대 형태입니다. 건식 파스텔은 주로 아라비아 고무와 백악으로 만들어서 종이에 부드럽게 발리면서 표면에 고정이 되지요. 가루가 도화지 표면에 가볍게 쌓이기 때문에 번짐, 겹침, 긁기 등 다양한 표현 기법에 활용할 수 있답니다. 종이의 질감에 따라 전혀 다른 느낌의 작품을 완성할 수도 있어요. 거친 도화지에서는 텍스처가 뚜렷하게 드러나고, 매끄러운 도화지에서는 부드럽고 깔끔한 표현이 가능해요.

건식 파스텔은 부드러운 질감, 선명한 색감, 그리고 자유로운 표현을 동시에 제공하는 독특한 미술 재료입니다. 다양한 색과 도구를 활용해 창의적인 표현을 시도하며, 손끝에서 색을 혼합하고 조화시키는 재미를 느껴보세요!

건식 파스텔의 종류

소프트 파스텔(Soft Pastel)

소프트 파스텔은 건조하고 부드러운 질감의 미술 재료로, 색을 혼합하거나 번지게 하는 표현에 잘 맞아요. 부드러운 터치와 풍부한 발색 덕분에 초보자와 전문가 모두에게 사랑받는 재료로 알려져 있답니다. 건식 파스텔은 특히 손가락이나 찰필(Blending Stump)과 같은 도구를 사용해 색을 자연스럽게 섞고 부드러운 그러데이션 효과를 만드는 데 유용해요. 이러한 특성 덕분에 그림에 깊이와 생동감을 더할 수 있어요. 프랑스의 화가 에드가 드가(Edgar Degas)는 건식 파스텔을 활용해 발레리나의 우아한 움직임과 섬세한 표현을 담은 작품으로 유명합니다. 드가는 파스텔의 다양한 혼합성과 질감을 최대한 활용해 부드러운 색조와 생동감 넘치는 이미지를 그려냈습니다. 이처럼 건식 파스텔은 자유로운 예술적 표현과 독창적인 질감 효과를 동시에 제공하는 매력적인 재료입니다.

하드 파스텔(Hard Pastel)

하드 파스텔은 소프트 파스텔보다 단단한 질감을 가진 파스텔로, 선명한 선을 그리거나 세밀한 부분을 표현하는 데 매우 적합한 미술 재료입니다. 단단한 특성 덕분에 소프트 파스텔에 비하면 덜 부스러져 깔끔하게 사용할 수 있어요. 이러한 특징은 정교한 작업이나 섬세한 디테일을 표현해야 하는 그림에 특히 유용해요. 또, 하드 파스텔은 소프트 파스텔과 함께 사용했을 때 더 효과적이랍니다. 소프트 파스텔로 넓은 면적을 부드럽게 칠한 후, 하드 파스텔로 세부 라인을 추가하거나 디테일을 강조할 수 있어요. 하드 파스텔은 강렬하고 선명한 선 표현과 세밀한 작업에 적합하며 다양한 표현이 가능한 도구입니다.

🍋 소프트 파스텔 사용법

소프트 파스텔은 부드러운 질감과 선명한 색감 덕분에 다양한 기법과 도구를 활용하면 독창적이고 다채로운 표현이 가능한 재료입니다. 소프트 파스텔을 효과적으로 활용할 수 있는 팁을 참고해 보세요.

1. 블렌딩으로 부드러운 색감 표현

소프트 파스텔은 가루가 잘 묻어나고 부드럽게 섞이는 특성이 있어 여러 가지 색을 자연스럽게 섞을 수 있습니다.

- 손가락이나 휴지를 사용해 문지르면 색이 서서히 번지는 그러데이션 효과를 만들 수 있어요.
- 여러 색을 겹쳐 칠하면 깊이감과 풍부한 색감을 표현할 수 있습니다.

2. 찰필(Blending Stump)의 활용

찰필은 소프트 파스텔의 세밀한 혼합과 디테일한 작업을 돕는 도구입니다.

- 섬세한 블렌딩이 필요할 때 찰필을 사용해 보세요.
- 인물화나 풍경화에서 작은 부분을 부드럽게 연결하거나 명암을 강조하는 데 좋습니다.

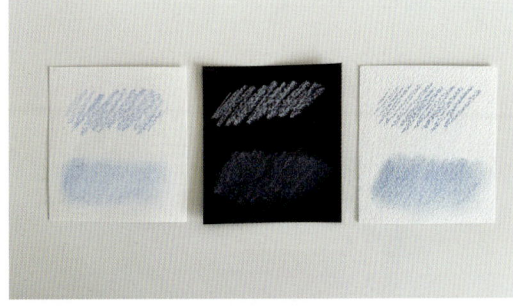

3. 지우개를 활용한 하이라이트 표현

소프트 파스텔은 지우개를 이용해 쉽게 수정하거나 밝은 부분을 강조할 수 있습니다.

- 부드러운 지우개로 파스텔이 칠해진 부분을 지워내면 빛이 반사되는 듯한 하이라이트 효과를 낼 수 있어요.
- 펜 형태의 지우개를 사용하면 더 세밀한 작업이 가능합니다.

4. 도화지 질감을 활용한 텍스처 표현

소프트 파스텔은 사용하는 도화지의 질감에 따라 표현이 달라집니다.

- **거친 도화지** : 종이 표면에 가루가 깊게 스며들어 강한 질감과 독특한 효과를 냅니다.
- **매끄러운 도화지** : 선명한 발색과 부드러운 터치를 통해 깨끗한 표현이 가능합니다.
- 다양한 도화지를 사용해 작품의 분위기를 바꿔 보세요.

5. 겹쳐 칠하기

소프트 파스텔은 여러 색을 겹쳐 칠해도 잘 섞이며, 깊이 있는 표현이 가능합니다.

- 밝은색에서 어두운색 순으로 겹쳐 칠하거나, 반대로 어두운색 위에 밝은색을 더해 하이라이트와 명암을 표현할 수 있습니다.
- 색을 여러 번 쌓아 올리면 대비와 질감을 더욱 강하게 만들 수 있습니다.

6. 번짐 방지와 픽사티브 사용

소프트 파스텔은 작업 중 쉽게 번질 수 있으므로 주의가 필요합니다.

- 작업이 끝난 뒤, 번짐을 방지하기 위해 픽사티브(Fixative)를 얇게 뿌려 색을 고정하세요.
- 픽사티브를 사용하면 작품을 더 오래 보존할 수 있고 손상과 오염을 줄일 수 있습니다.

🍃 하드 파스텔 사용법

하드 파스텔은 깔끔한 선과 세밀한 작업에 적합하며, 소프트 파스텔과 함께 사용하면 표현 범위가 더 넓어집니다. 다양한 도구와 도화지를 활용하여 하드 파스텔을 재미있게 사용해 보세요. 단단한 질감과 선명한 발색으로 정교한 작품을 완성할 수 있을 거예요!

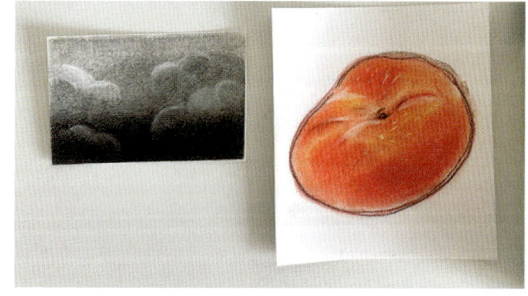

1. 선명한 선 그리기

하드 파스텔은 질감이 단단한 재료이기 때문에 선명하고 깔끔한 선을 표현하기 좋아요.

- 날카로운 모서리나 끝부분을 이용해 섬세하게 선을 그릴 수 있습니다.
- 그림의 윤곽선을 정리하거나 세밀한 디테일을 더할 때 유용합니다.
- 연필처럼 단단한 질감이기 때문에 비교적 다루기 쉽습니다.

2. 세밀한 작업에 활용하기

하드 파스텔은 소프트 파스텔로 넓은 면적을 채운 뒤, 세부 표현을 추가하는 데 사용하면 좋습니다.

- 세밀한 부분을 그릴 때나 명암 대비를 강조할 때 하드 파스텔을 사용하세요.
- 섬세한 터치로 하이라이트를 더하거나 그림의 테두리를 또렷하게 표현할 수 있습니다.

3. 종이 선택에 따른 표현

종이의 질감에 따라 하드 파스텔의 발색과 질감이 달라집니다.

- **거친 종이** : 표면에 파스텔이 잘 묻어 텍스처가 도드라지고 독특한 느낌을 줍니다.
- **매끄러운 종이** : 색이 선명하고 깔끔하게 발색되며, 선 표현이 뚜렷해집니다.
- **색지** : 배경색과 하드 파스텔의 색상이 어우러져 조화를 이루며, 개성 있는 표현을 할 수 있어요.

4. 겹쳐 칠하기

하드 파스텔은 색을 여러 겹으로 칠해서 깊이 있는 표현을 할 수 있습니다.

- 첫 번째 층을 밝은색으로 깔고, 점차 어두운색을 더해 명암을 강조해 보세요.
- 색을 혼합할 때는 찰필(Blending Stump)이나 손가락을 사용하면 부드럽게 연결됩니다.
- 하드 파스텔은 소프트 파스텔과 함께 사용하면 더 풍부한 색감 표현이 가능합니다.

5. 번짐 방지와 수정

하드 파스텔은 소프트 파스텔보다 부스러짐이 적지만, 번짐을 막으려면 관리가 필요합니다.

- 작업 중간에 픽사티브(Fixative)를 가볍게 뿌려 고정하면서 그림을 그려도 좋아요.
- 지우개로 섬세하게 수정하거나 하이라이트를 추가해 보세요.
- 작업이 끝난 후에 픽사티브를 뿌려서 보관하면 오래 유지됩니다.

6. 활용 팁

- **정확한 스케치** : 하드 파스텔은 연필처럼 단단한 터치가 가능하기 때문에 스케치 작업에 적합합니다.
- **혼합 표현** : 하드 파스텔로 기본 구조를 그리고, 소프트 파스텔로 색을 채우며 풍부한 표현을 만들어 보세요.
- **단색 작업** : 검은색, 갈색, 흰색 등의 하드 파스텔로 단색 드로잉을 하며 명암 대비 표현을 연습하기 좋아요.

에드가 드가, <핑크 발레리나들>
미대엄마의 명화 Pick!
Edgar Degas, Dancers in Pink

명화 감상하기

에드가 드가, <핑크 발레리나들>, 1876

에드가 드가는 발레리나를 많이 그린 화가예요! 하지만 그는 무대 위의 화려한 순간보다 리허설하는 순간이나 무대 뒤에서 준비하는 발레리나들의 자연스러운 모습을 더 좋아했어요. 그래서 사람들은 드가를 '발레리나의 화가'로 기억하고 있답니다.

〈핑크 발레리나들〉에는 부드러운 분홍색 의상을 입은 발레리나들이 등장해요. 발레리나들이 서로 대화를 나누거나 포즈를 바꾸는 모습이 마치 리허설 중 잠깐 멈춰 있는 장면처럼 보이지요. 드가는 파스텔로 부드러운 분홍색과 흰색을 여러 번 덧칠해 발레리나의 움직임과 우아함을 표현했어요. 색을 겹겹이 쌓아 올려 빛과 그림자의 차이를 강조하니 인물들이 더 입체적으로 보이고 동작이 살아 있는 것처럼 느껴집니다.

드가는 무대 위 장면뿐 아니라, 발레리나들이 연습하고 쉬는 모습 속에서 느껴지는 노력과 아름다움을 담으려고 했어요. 이 작품을 보고 있으면 발레리나의 가벼운 발걸음과 함께 무대 뒤의 긴장감이 느껴지는 것 같지 않나요?

드가는 발레리나를 통해 예술의 아름다움과 현실의 순간을 함께 보여주고 싶었어요. 〈핑크 발레리나들〉을 보면서 발레리나들이 어떤 이야기를 나누고 있었을지 상상해 보세요. 그리고 드가가 어떻게 그 아름다움을 표현했는지도 함께 찾아보면 더 재미있을 거예요.

아이와 함께 감상하기 Tip

1. 발레리나의 움직임 상상하며 청각적 상상력 자극하기
그림 속 발레리나가 춤을 추고 있다면 어떤 음악이 어울릴까?

2. 색상과 형태에 관한 이야기
발레리나들이 입은 핑크색 발레복을 보면 어떤 느낌이 들어?

3. 무대 뒤의 모습 상상하기
무대 뒤에서 발레리나들은 어떤 이야기를 나누고 있을까?

4. 표현 방식 탐구하기
드가는 발레리나들의 부드러운 움직임을 어떻게 그림 속에 담아냈을까?

5. 나만의 발레리나 상상해 보기
너라면 어떤 발레리나를 그리고 싶어? 어떤 발레복을 입히고 싶어?

✿ 추천 미술 놀이 ●

파스텔로 발레리나 표현하기

인상주의 화가 드가처럼 발레리나의 움직임과 포즈를 관찰하고, 하드 파스텔과 소프트 파스텔을 이용해 부드럽게 블렌딩하여 표현하는 미술 활동입니다. 명암과 색의 흐름을 직접 느끼며 그려보는 경험을 통해 관찰력과 표현력, 섬세함을 키울 수 있어요.

 준비물

색 있는 도화지(미색), 파스텔, 면봉, 픽사티브

 놀이과정

1. 발레리나의 자세를 관찰한 뒤, 검은색과 갈색 하드 파스텔로 형태를 잡아주세요.(소프트 파스텔로 스케치해도 괜찮아요.)

2 소프트 파스텔로 그림 전체에 색을 칠해 주세요. 손가락이나 휴지를 이용해 부드럽게 문질러 줍니다. 중간중간 픽사티브를 뿌려주면 색이 잘 고정됩니다.

3 그림자 부분은 진한 색, 빛이 닿는 부분은 밝은색을 덧칠해 명암을 표현하세요. 섬세한 부분은 면봉이나 찰필로 부드럽게 블렌딩해 주세요.

4 완성된 그림을 전시하고 함께 이야기를 나누어 보세요. 발레리나의 움직임과 빛의 방향에 대해 살펴보고, 아이의 관찰력과 섬세한 표현을 칭찬해 주세요.

놀이 Tip

⇒ 미색이 들어간 도화지에서 발색되는 파스텔의 색상 변화를 관찰해 보세요. 종이의 질감과 재질에 따라서 파스텔이 표현되는 느낌과 색감이 달라집니다.
⇒ 파스텔을 블렌딩하고 색을 쌓아가며 변화되는 색상과 명암의 대비 효과를 발견해 보세요.
⇒ 선을 그리며 섬세한 드로잉을 할 때의 느낌과 블렌딩할 때의 부드러운 질감의 차이를 느껴보세요.

미대엄마의 명화 Pick!	**바실리 칸딘스키, <무브먼트 1>**
	Wassily Kandinsky, Movement 1

명화 감상하기

바실리 칸딘스키, <무브먼트 1>, 1935

바실리 칸딘스키는 추상미술의 처음을 연 화가예요.

칸딘스키는 작품 속에 음악의 리듬과 마음을 움직이는 감정을 담았어요. 또한, '색과 모양은 우리 마음에 직접 영향을 줄 수 있다'고 믿었답니다.

〈무브먼트 1〉은 칸딘스키의 중요한 작품 중 하나예요. 이 작품에는 곡선, 직선, 그리고 여러 가지 모양들이 표현되어 있어요. 마치 음악 소리가 눈앞에 보이는 것처럼 느껴지기도 합니다. 선과 모양이 빠른 움직임, 느린 움직임, 그리고 강약이 있는 리듬을 함께 느껴지죠.

이 작품에는 밝은 노랑, 시원한 파랑, 강렬한 빨강 같은 색이 쓰였어요. 색들이 서로 어울려서 그림에 힘과 에너지를 주고 있습니다. 칸딘스키는 색과 모양으로 '마음속 소리'를 표현하려 한 것입니다. 작품 속에서도 색들이 서로 잘 어울리면서 리듬과 감정을 만들고 있어요.

이 작품을 보고 있으면 소리가 없는 음악을 듣는 것 같지 않나요? 칸딘스키는 사람들이 그림을 보며 스스로 자신의 감정을 느끼기를 바랐어요. 〈무브먼트 1〉은 칸딘스키의 생각과 느낌이 잘 담긴 그림으로, 우리가 보는 색과 모양을 통해 어떤 감정을 느끼게 하는지를 보여줍니다. 자, 그럼 이제 감상해 볼까요?

아이와 함께 감상하기 Tip

1. 선과 모양 관찰하기
이 선들은 어디로 움직이는 것 같아?

2. 색의 감정 이야기하기
어떤 색이 가장 눈에 띄니? 그 색에서는 어떤 것이 느껴져?
노란색, 빨간색, 파란색을 보면 어떤 기분이 들어?

3. 소리가 없는 음악 상상하기
이 그림 안에서는 어떤 소리가 들리니?

4. 나만의 감정 이야기하기
이 그림을 보면서 어떤 감정이 들었어?

* 아이가 잘 이야기하지 못하면 감정의 종류를 몇 개 예를 들어주세요. 기쁨, 슬픔, 설렘 등의 감정을 말해주고 그 중에서 고르게 해보세요. 이야기를 시작하기가 수월해집니다.

✤ 추천 미술 놀이

추상 선 그리기

추상미술의 거장 바실리 칸딘스키처럼 음악과 감정에 따라 선을 그리고, 그 위에 파스텔로 색을 입혀서 눈과 귀, 마음까지 즐겁게 만들어 보세요. 목공풀로 표현된 입체적인 선 위에 색을 칠하면서 창의적인 조형 감각과 예술적 표현력을 기를 수 있어요.

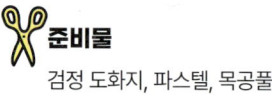 준비물
검정 도화지, 파스텔, 목공풀

놀이과정

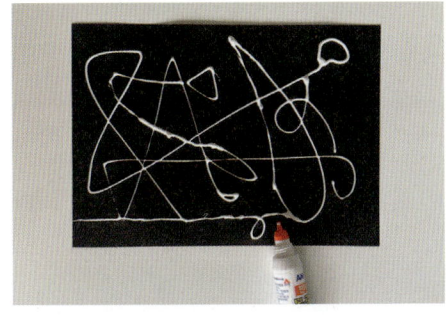

1. 검정 도화지에 목공풀로 자유롭게 선을 그린 후 목공풀이 마를 때까지 기다리세요.

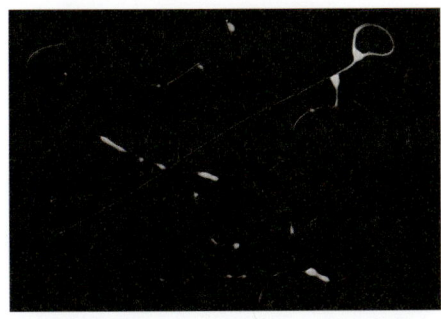

2. 목공풀이 다 마르면 다양한 색의 파스텔로 색을 칠하고 손이나 도구로 부드럽게 블렌딩해 주세요. 한 가지 색을 여러 번 덧칠하거나 두 가지 이상 색을 섞어도 멋진 효과를 만들 수 있어요.

3. 완성된 그림을 전시하고 이야기를 나누어 보세요. 칸딘스키의 작품과 함께 비교해 보며 명화에서 느껴지는 음악과 내 마음속 음악을 상상하고 감정을 이야기해 보세요.

놀이 Tip

➡ 검정 도화지에 파스텔을 칠하면 흰 도화지와는 다른 블렌딩 효과를 기대할 수 있어요.
➡ 건식 재료 대신 목공풀로 드로잉하며 입체적인 질감 효과를 만들 수 있어요.
  · 윤곽선 강조와 입체감 표현, 촉각을 자극할 수 있어요.
➡ 놀이 과정 중에 음악을 틀고 자유롭게 상상하며 드로잉해 보세요.

스페셜 페이지

부러진 파스텔 재활용 방법

건식 파스텔은 힘을 조금만 주어도 잘 부러지곤 해요. 하지만 부러진 건식 파스텔은 버리지 말고 모아 두면 다양한 방식으로 재활용할 수 있습니다. 창의력을 발휘해 새로운 기법과 표현을 실험하며 파스텔을 끝까지 활용해 보세요!

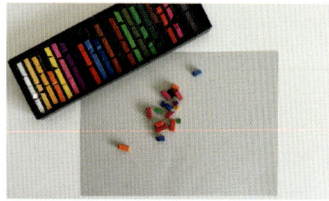 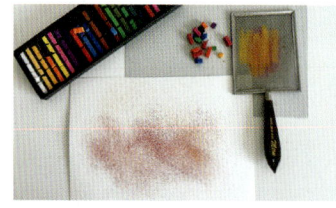 

1. 파스텔 가루로 배경 채색하기
부러진 파스텔을 부드럽게 갈거나 문질러서 가루로 만들면 배경 채색에 활용할 수 있습니다. 이 방법은 넓은 면적을 자연스럽게 채우는 데 효과적입니다.
· 방법 :
1. 부러진 파스텔을 종이 위에 놓고, 칼이나 갈판으로 문질러 가루를 만듭니다.
2. 손가락, 면봉, 또는 부드러운 천을 사용해 가루를 문질러 배경을 채웁니다.
3. 픽사티브를 가볍게 뿌려 고정합니다.

2. 작은 디테일 작업에 활용
부러진 파스텔은 크기가 작아서 작은 선이나 면을 세밀하게 표현할 때 사용하기에 적합합니다.
예를 들어, 인물의 눈이나 풍경화의 나뭇가지와 같은 섬세한 부분을 그릴 때 부러진 조각을 활용해 보세요.

3. 파스텔 가루로 텍스처 추가하기
파스텔 가루를 활용해 작품에 특별한 질감을 줄 수 있어요.
· 방법 :
1. 가루를 원하는 영역에 뿌립니다.
2. 손가락이나 찰필로 가루 부분을 문질러 원하는 질감을 만듭니다.
3. 픽사티브로 고정해 마무리합니다.

4. 파스텔 가루를 물감처럼 사용하기
파스텔 가루를 물에 섞어 파스텔 물감으로 만들 수 있습니다.
· 방법 :
1. 파스텔을 곱게 갈아 가루로 만듭니다.
2. 물을 조금씩 섞어 농도를 조절합니다.
3. 붓을 사용해 물감처럼 종이에 칠해 독특한 효과를 만들어 보세요.

어린이 미술 수업에서 부서진 파스텔 활용하기

부서진 파스텔 가루는 어린이 수업에서 창의력을 끌어올리는 훌륭한 도구가 됩니다. 손의 힘 조절이 서툰 아이도 쉽게 색을 입힐 수 있어요. 또, 부서진 가루 특유의 부드러운 번짐 효과가 아이들의 상상력을 자극합니다.

1. 색 혼합 놀이
서로 다른 색의 가루를 섞어 새로운 색을 만들어 보세요. '나만의 색 이름'을 지어보는 활동을 곁들이면 언어 표현력도 함께 자랍니다.

2. 감각 표현 활동
손끝으로 가루를 문지르며 '따뜻한 색', '차가운 색'처럼 색감에서 느껴지는 감정을 표현해 보게 합니다. 아이마다 느끼는 색의 감정이 다르다는 것을 자연스럽게 알게 됩니다.

3. 배경 만들기 도전
그림의 주제와 어울리는 분위기를 가루로 깔아본 뒤, 위에 세부 그림을 그리게 해보세요. 예를 들어 하늘, 바다, 초원 등 큰 면적을 부드럽게 채우는 데 좋습니다.

4. 협동 작품 만들기
큰 도화지에 여러 명이 동시에 가루를 사용해 색을 입히고 디테일을 함께 완성합니다. 색이 겹치고 번지는 과정을 통해 자연스럽게 '함께 그리기'의 재미를 배웁니다.

5. 추가 팁
가루 작업 후에는 물티슈나 마른 헝겊으로 손을 깨끗하게 닦고 작업 공간 주변을 브러시나 작은 청소기로 정리해 주면 다음 활동이 훨씬 수월합니다.

Crayon

크레용

Crayon 크레용

◆ 크레용은 무엇일까요?

크레용은 어린이부터 성인까지 누구나 쉽게 사용할 수 있는 대표적인 미술 재료입니다. 단단한 막대 형태에 선명한 색상이 특징이며, 색소와 파라핀 왁스를 섞어 만들어 부드럽게 발리면서도 깔끔하게 사용할 수 있는 매력적인 도구입니다. 손에 묻지 않고 간편하게 사용할 수 있어 어린이들이 미술 활동을 시작할 때 가장 먼저 접하는 친근한 재료예요.

크레용은 선명하고 밝은 색감을 표현하는 데 적합하며, 색깔을 겹쳐 칠하거나 단색으로 그림을 완성하는 데 유용합니다. 단단한 재질이지만 종이에는 부드럽게 발리기 때문에 초보자도 쉽게 사용할 수 있죠. 매끄러운 도화지에서 더욱 고르게 발색되며, 색이 다양해서 선택의 폭이 넓어요. 선명한 색감과 깔끔한 선을 표현하는 데 아주 좋은 재료랍니다. 다만, 크레용은 섬세한 혼합이나 번짐 효과에는 한계가 있어요.

어린이에게는 안전하게 만든 크레용이 표현력을 높이고 창의력을 발휘할 수 있는 좋은 재료입니다. 크레용으로 재미있는 그림을 완성하며 다양한 색깔과 표현의 재미를 느껴보세요!

🔵 크레용 사용법

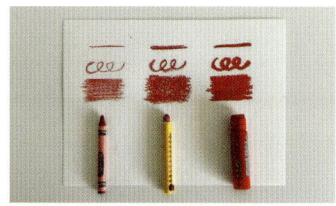

1. 직접 그리기
크레용으로 종이에 바로 그림을 그립니다. 부드러운 터치로 얇게 칠하거나 힘을 주어 두껍게 칠할 수 있습니다. 넓은 면적을 채우기에 좋고, 직관적으로 사용할 수 있어 초보자도 쉽게 다룰 수 있습니다.

2. 색 겹치기
한 가지 색 위에 다른 색을 덧칠하며 깊이 있는 표현이 가능합니다. 어두운 색 위에 밝은색을 덧칠하면 색이 환해지고, 밝은색 위에 어두운색을 추가하면 대비를 강조할 수 있습니다.

3. 오일을 사용하여 재미있는 효과 내기
면봉에 소량의 식물성 기름(식용유, 해바라기유 등)을 묻혀 문지르면 부드러운 번짐 효과를 낼 수 있습니다.

🔵 크레용 활용 팁

크레용을 더욱 재미있게 쓰고 싶다면 아래 방법을 참고해 보세요. 다양한 기법과 도구를 통해 크레용의 활용 범위를 더욱 확장할 수 있어요.

왁스 레지스트(Wax Resist) 기법
흰색 크레용과 물감을 동시에 사용하는 것을 왁스 레지스트(Wax Resist) 기법이라고 합니다. 크레용의 왁스 성분이 물감을 밀어내는 성질을 활용해 독특한 패턴과 질감을 표현하는 방법입니다. 이 기법은 단순하면서도 창의적인 작품을 만들 수 있어 미술 교육에서 널리 쓰입니다. 흰색 크레용으로 그린 그림 위에 물감을 덮는 순간 크레용의 선명한 선과 그림이 드러나는 과정은 아이들에게 재미나고 특별한 경험을 선사하며, 색과 텍스처의 관계를 자연스럽게 알려줍니다. 다음에 안내하는 것은 이 기법의 특징과 활용 방법입니다.

왁스 레지스트 기법의 원리

크레용의 왁스 성분은 물과 섞이지 않기 때문에 크레용 위에 물감을 올려도 그림에 물감이 묻지 않고 밀려나죠. 그 결과 물감이 크레용이 칠해진 부분을 피해 흘러가면서 밑바탕에 그린 패턴이나 선이 드러나는 미술 표현 기법입니다.

왁스가 물을 밀어내는 성질을 관찰하며 과학 원리도 탐구할 수 있습니다. 눈에 잘 보이지 않는 흰색 크레용으로 그림을 그리고 물감을 덮으면서 새로운 형태를 발견하는 과정은 상상력을 자극합니다. 크레용과 물감의 결합을 통해 색과 질감, 대조의 효과를 직접 경험할 수 있습니다.

대비 색 활용
서로 반대되는 색(예: 파랑과 노랑, 빨강과 초록)을 나란히 놓으면 그림에 강렬한 대비와 시각적 에너지를 줄 수 있습니다.

도화지 선택
하얀 종이, 거친 종이, 색 있는 종이 등 다양한 종이에 그려보세요. 도화지에 따라 색의 느낌과 질감이 달라져요.

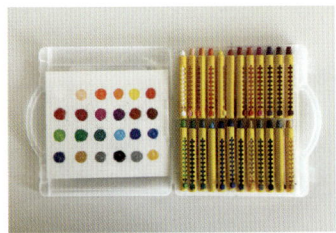

색상표 만들기
사용하기 전에 종이에 크레용 색을 각각 칠해 색상표를 만들어 보세요. 어떤 색이 나오는지 미리 알 수 있어요.

🌱 크레용 주의 사항

크레용을 안전하고 효과적으로 사용하려면 다음의 주의 사항을 꼭 지켜주세요.

입에 넣지 않기
크레용은 안전하게 만들었지만 먹으면 안 돼요. 특히 어린아이는 무심코 입에 넣을 수 있으니 주의해 주세요.

사용 후 손 씻기 습관
손에 해롭진 않지만, 오랜 시간 사용하면 왁스 성분이 피부를 건조하게 만들 수 있어요. 사용 후에는 꼭 손을 씻으세요.

열과 직사광선 피하기
크레용의 왁스 성분은 40~60°C에서 녹기 시작해요. 따라서 뜨거운 곳이나 햇볕이 강한 곳은 피하는 것이 좋습니다.

미대엄마의 명화 Pick!

에드바르 뭉크, <절규>
Eduard Munch, The Scream

🔵 **명화 감상하기**

에드바르 뭉크, <절규>, 1893

에드바르 뭉크는 사람의 마음과 감정을 그림으로 표현한 화가예요.

그의 대표작 〈절규〉는 우리가 가끔 느끼는 불안과 두려움을 강하게 보여주는 작품이죠. 그림 속에는 붉게 물든 하늘 아래, 다리 위에 서서 두 손으로 얼굴을 감싸며 절규하는 사람이 있어요. 뒤에는 친구처럼 보이는 희미한 두 사람의 형체가 보이고 배경에는 물결치는 선들이 가득해요. 뭉크는 이 작품에 대해 이렇게 말했어요. "나는 친구들과 길을 걷고 있었어. 갑자기 하늘이 붉게 물들었고, 자연의 거대한 외침이 내 마음을 흔드는 걸 느꼈지."

〈절규〉는 강렬한 색과 흔들리는 선으로 마음속 불안과 긴장을 표현한 작품이에요. 붉은 하늘과 짙푸른 강, 그리고 물결치는 선들이 보는 사람에게 묘한 감정을 느끼게 해줘요. 뭉크는 단순한 풍경이 아니라 자기 마음속 세계를 표현하기 위해 색과 형태를 과장되게 사용했어요. 그래서 이 작품은 '표현주의(Expressionism)'의 중요한 기틀이 되었어요. 표현주의 화가들은 실제 모습보다 감정을 더 강하게 보여주는 그림을 그렸답니다.

표현주의(Expressionism)란?

표현주의는 화가가 느낀 기분과 감정을 그림 속에 강하게 담는 예술이에요. 예를 들어, 세상이 흔들리는 것처럼 불안한 마음이 느껴질 때 그 기분을 그림으로 표현하는 거예요. 그래서 표현주의 작품은 실제 모습을 그리는 것보다 그것을 보고 느끼는 감정을 더 강하게 전달해요.

아이와 함께 감상하기 Tip

1. 그림 속 인물에 대해 이야기 나누기
그림 속 사람은 왜 저렇게 놀라고 있을까?

2. 선의 움직임 상상하기
하늘과 다리가 어떤 선으로 그려져 있어?
그림 속의 선들이 춤추고 있어? 아니면 흔들리고 있어?

3. 내 감정과 연결하기
너도 가끔 놀라거나 무서운 경험을 하니? 그때 어떤 기분이었어?
* 그림과 감정을 연결하며 표현하는 법을 배울 수 있어요.

4. 화가가 느낀 순간 상상해 보기
뭉크는 하늘이 빨갛게 변해서 무서웠대. 너라면 어떤 색의 하늘이 무서울 것 같아?

✸ 추천 미술 놀이

뭉크의 절규 따라 하기

이 활동은 아이의 사진을 <절규> 속 인물처럼 사용해 콜라주 기법으로 구성하고, 유성·수성 크레용을 활용해 강렬한 감정과 배경을 표현하는 놀이예요. 표정, 색, 선을 통해 감정을 시각화하며 자기표현력, 감정 이입 능력, 조형 감각을 자엽스럽게 기를 수 있습니다.

 **준비물**
유성 크레용, 수성 크레용, 도화지, 붓, <절규> 속 사람의 모습을 흉내 낸 아이 사진

놀이과정

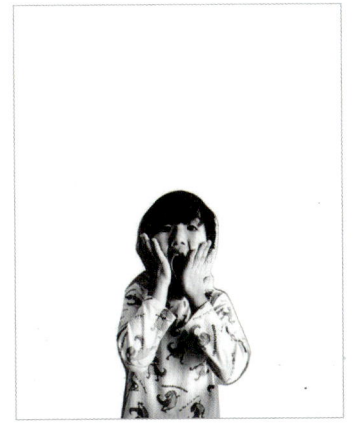

1. 아이 사진을 오려 도화지에 붙여 주세요.

2. 유성 크레용으로 주변 배경을 그려줍니다.

3. 여러 가지 색을 사용해 선을 겹쳐서 배경을 채워주세요. 이때 면을 칠하는 것이 아니라 선을 그어서 표현해 주세요.

4. 수성 크레용으로 배경을 그린 후 물 묻힌 붓으로 빈 곳을 채워 그림을 완성합니다.

5. 완성된 그림을 전시하고 함께 이야기를 나누어 보세요. 그림 속 감정을 아이의 생각과 연결해 보며 색과 표정으로 감정을 표현하는 놀이로 확장해 보세요.

놀이 Tip

→ 유성 크레용과 수성 크레용을 함께 사용하면서 서로 다른 질감과 표현 효과를 배울 수 있어요.

→ 아이의 사진을 사용하면 그림 속 인물이 되는 특별한 경험을 할 수 있어요. 흑백 사진을 사용하면 크레용 색감이 더욱 돋보이고 대비 효과로 인해 시각적인 긴장감을 주며 색 구성 훈련에도 도움이 됩니다.

잭슨 폴록, <넘버 원>

미대엄마의 명화 Pick!

Jackson Pollock, No.1

🎨 **명화 감상하기**

잭슨 폴록, <넘버 원>, 1948

잭슨 폴록은 그림을 아주 특별한 방법으로 그린 화가예요.

보통 화가들은 캔버스를 세워 놓고 붓을 사용해 조심스럽게 그리지만, 폴록은 달랐어요. 캔버스를 바닥에 놓고 그 위에 물감을 흘리거나 뿌려서 그림을 그렸어요. 이 방법을 드리핑(Dripping)이라고 해요. 또 잭슨 폴록은 붓, 막대, 심지어 손까지 사용해서 자유롭게 물감을 뿌렸어요. 이렇게 만든 선과 점들이 모여서 멋진 그림이 되었죠. 그의 작품 속에는 특별한 사람이나 물건이 그려져 있지 않아요. 대신 잭슨 폴록이 움직이면서 만든 물감의 흐름과 리듬이 그대로 남아 있어요.

잭슨 폴록은 완성된 그림만 중요한 게 아니라, 그림을 그리는 순간의 움직임과 느낌도 아주 소중하다고 생각했어요. 그래서 그의 작품을 보면 마치 음악을 듣는 것처럼 물감의 선과 색이 춤추는 모습을 느낄 수 있어요. 그리고 이 선과 색이 우리의 상상력을 자극하죠.

행동주의 회화(Action Painting)란?

행동주의 회화는 그림을 그리는 '모습'과 '동작'을 중요하게 생각해요. 붓으로 조용히 그리는 대신 온몸을 움직이며 그림을 만들어요. 그래서 작품 속에는 화가가 뛰고 걸어 다니고 손을 흔든 흔적이 그대로 남죠. 행동주의 회화 작품을 볼 때 "이 순간 화가는 어떤 동작을 했을까?" 하고 상상하면 더 재미있게 감상할 수 있어요.

아이와 함께 감상하기 Tip

1. 그림 속 움직임 이야기하기
이 그림을 보면 물감이 어디로 움직이는 것 같아?

2. 작업 방식 상상하기
화가는 이 그림을 어떻게 그렸을지 상상해 보자.

3. 그림 속에서 모양 찾기
이 선과 점들 속에서 너는 어떤 모양이 보이니?

4. 그림의 제목 지어보기
어떤 제목을 붙이고 싶어?
그림을 보고 떠오르는 단어를 3개만 말해보자.

✸ 추천 미술 놀이 ●

폴록의 추상화 따라 하기

여러 가지 색의 크레용을 갈아서 뿌리고 따뜻한 다리미로 눌러 색이 섞이고 번지는 모습을 관찰하는 미술 활동이에요. 색이 서로 만나며 만들어 내는 변화를 보면서 재미있게 실험할 수 있죠. 이렇게 하면 화려한 배경을 만들 수 있고 색의 어울림과 느낌, 그리고 미술 도구를 다루는 감각도 함께 키울 수 있어요.

 **준비물**
유성 크레용, 강판(강판이 없다면 망치 등 크레용을 깰 수 있는 도구), 도화지, 종이 포일, 다리미

🎨 놀이과정

1. 여러 가지 색의 크레용을 잘게 부수거나 갈아서 도화지 위에 골고루 흩뿌려 주세요.

2. 그 위에 종이 포일을 덮어 주세요.

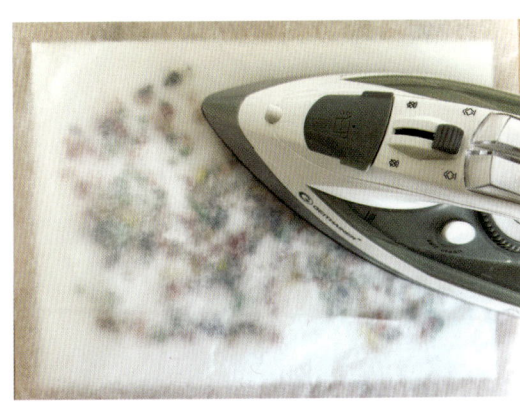

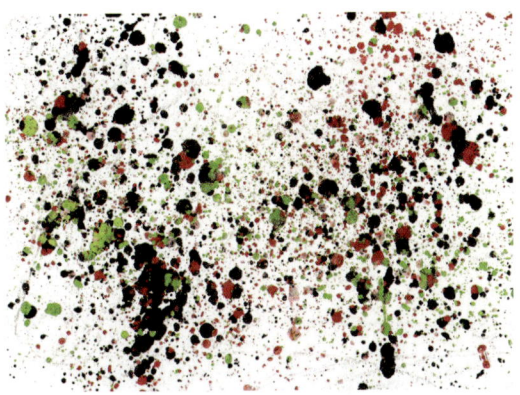

3. 다리미를 예열한 뒤 종이 포일 위를 조심스럽게 눌러 주세요. 이때 뜨거운 다리미가 위험하니 꼭 보호자가 함께 해 주세요!

4. 완성된 그림을 함께 감상하며 이야기를 나눠 보세요. 크레용이 녹는 모습을 보면서 색이 섞이고 변하는 과정을 즐길 수 있어요. 이때 아이의 감정과 상상이 자연스럽게 자라납니다.

🟪 놀이 Tip

➡ 크레용을 가루로 만들었을 때와 녹였을 때 색과 질감이 어떻게 달라지는지 살펴보세요.
➡ 다리미를 그림에 활용하며 도구를 색다르게 쓰는 경험을 해보세요.
➡ 완성된 배경에 사진이나 그림을 붙여 새로운 이야기를 만들어 보세요.

자투리 크레용 재활용 방법

1. 크레용 블록 만들기

자투리 크레용을 녹여 새로운 모양으로 크레용을 만들어 보세요.

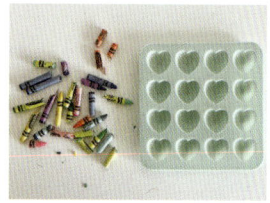 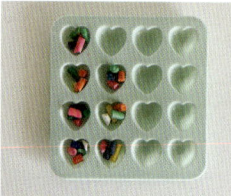  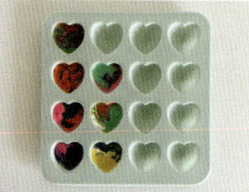

1. 자투리 크레용을 모아 잘게 부숴 주세요.
2. 실리콘 몰드(예: 별, 하트 모양)나 머핀 틀에 부순 크레용 조각을 넣습니다.
3. 약 110~120도로 예열된 오븐에 넣어 10~15분 정도 녹입니다.
4. 완전히 녹으면 꺼내어 식힌 후 틀에서 크레용을 꺼냅니다.
5. 여러 색이 섞인 새로운 크레용 블록 완성!
   · 개성 있는 독특한 조합으로 색칠하거나, 굵은 크레용 블록으로 넓은 면적을 채색할 때 사용할 수 있어요.

2. 자투리 크레용 문지르기

남은 크레용 조각으로 문지르기 놀이를 해보세요.

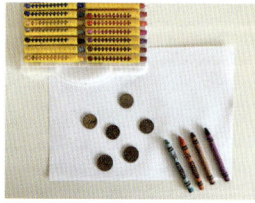 

1. 나뭇잎, 동전, 레이스 천 등 질감이 있는 물체 위에 도화지를 놓습니다.
2. 도화지 위를 자투리 크레용으로 문지릅니다.
3. 아래에 있는 물체의 모양이 도화지에 나타나며 독특한 작품이 완성됩니다.
   · 자연물이나 주변 물건을 활용해 아이들에게 텍스처와 패턴을 알려주는 놀이로 적합합니다.

3. 크레용 캔들 만들기

자투리 크레용을 활용해 간단한 캔들을 만들어 보세요.

1. 자투리 크레용을 잘게 부수어 양초용 왁스와 섞습니다.
2. 작은 유리병이나 캔들 용기에 양초용 심지를 세워 넣습니다.
3. 1번의 크레용과 양초용 왁스를 녹여 용기에 붓습니다.
4. 완전히 굳으면 다양한 색감의 캔들이 완성!
   · 직접 만든 크레용 캔들은 집안 장식이나 선물로도 활용할 수 있어요.

4. 안전 주의 사항

⇒ 크레용을 녹일 때는 반드시 보호자와 함께 작업하세요.
⇒ 전자레인지나 오븐 사용 시 용기가 내열 소재인지 확인하세요.
⇒ 작업 중에는 환기를 잘 시키고, 뜨거운 용기나 녹인 크레용에 손이 닿지 않도록 주의하세요.

Colored Pencil

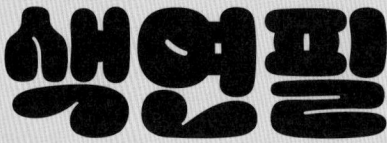

Colored Pencil

색연필은 구하기도 쉽고 사용하기도 편한 재미있는 미술 도구예요! 모양은 연필처럼 생겼지만, 안에는 색깔 심이 들어 있어서 색칠도 하고 그림도 그릴 수 있답니다. 색연필 속에는 색깔을 내는 **색소**가 들어 있고, 이 색소를 뭉쳐 주는 바인더(접착제)와 색이 더 부드럽게 발리도록 돕는 **충전재**가 섞여 있어요. 나무로 된 껍질이 색연필 심을 단단히 감싸고 있어 부러지지 않도록 보호해 줍니다.

색연필은 사용하기가 정말 쉬워요. 연필처럼 편하게 잡고 선을 그리거나 색칠할 수 있어 처음 그림을 배우는 사람에게 딱 알맞아요. 그리고 힘을 주어 진하게 칠하거나 힘을 빼고 가볍게 칠해 밝은색을 표현할 수도 있어요. 여러 가지 색을 겹쳐 칠하면 내가 원하는 색을 만들 수도 있고, 부드럽게 문질러 그러데이션 효과를 낼 수도 있어요. 색연필로 그릴 수 있는 그림의 종류도 정말 많아요. 간단한 스케치부터 멋진 풍경화까지 모두 가능하거든요. 무엇보다 손에 재료를 묻히지 않고 깔끔하게 사용할 수 있어요. 또, 크기도 작아서 어디든 가지고 다니기 편하답니다.

색연필로도 다양한 색깔을 섞어보거나 나만의 색 조합을 만들어 볼 수 있어요. 이 과정에서 색을 다루는 재미를 느끼고 상상력을 발휘할 수 있죠. 색연필은 재미있고 간단하기도 한 데다 아주 멋진 예술품도 만들어 낼 수 있는 멋진 도구예요. 자, 이제 색연필로 멋진 작품을 그려볼까요? 무슨 색을 먼저 사용하고 싶나요?

색연필의 종류

수성 색연필

유성 색연필

수성 색연필은 색심에 수용성 바인더(굳게 하는 물질)를 넣어 물과 함께 사용할 수 있는 색연필입니다. 물을 사용하면 색이 번지며 부드럽고 투명한 느낌을 낼 수 있어 수채화 효과를 쉽게 표현할 수 있습니다. 물을 안 쓰면 일반 색연필처럼 사용하는 것도 가능하며, 색연필로 색칠한 후 젖은 붓으로 문지르면 자연스러운 그러데이션과 질감을 표현할 수 있어요. 물의 양을 조절하면서 색의 농도와 느낌을 다양하게 표현할 수 있어 창의적인 작업에 적합합니다. 풍경화, 일러스트, 간단한 디자인 작업에도 많이 사용된답니다.

유성 색연필은 세밀하고 깊이 있는 표현에 적합해요. 이런 특성 덕분에 명암과 질감을 강조한 그림이나 초상화, 풍경화처럼 정밀한 작업에 사용하기 좋지요. 특히 색을 겹쳐 칠할수록 풍부한 색감과 깊이를 더할 수 있어, 색상 표현의 디테일을 극대화할 수 있답니다. 반면, 수성 색연필은 가볍고 투명한 수채화 효과를 내는 데 적합합니다. 이 두 종류 색연필을 함께 사용하면 더 다양하게 표현할 수 있어요.

Tip
수성 색연필과 유성 색연필을 함께 쓰면 선명함과 부드러움을 모두 살린 멋진 그림을 그릴 수 있습니다.

🖍 색연필 사용법

소프트 파스텔은 부드러운 질감과 선명한 색감 덕분에 다양한 기법과 도구를 활용하면 독창적이고 다채로운 표현이 가능한 재료입니다. 소프트 파스텔을 효과적으로 활용할 수 있는 팁을 참고해 보세요.

1. 색칠하기
색연필은 기본적으로 색을 칠하는 도구입니다. 연필처럼 잡고 원하는 부분을 칠해 보세요. 힘을 조절해 칠하면 밝고 어두운 톤도 자유자재로 표현할 수 있어요. 가볍게 칠하면 부드럽고 연한 색을, 힘을 주어 칠하면 짙고 선명한 색을 표현할 수 있습니다.

2. 레이어링(겹쳐 칠하기)
색을 여러 겹으로 쌓아 올리면 풍부한 색감과 깊은 표현이 가능합니다. 밝은색부터 시작해 어두운색을 덧칠하면 자연스러운 명암 효과가 납니다. 서로 다른 색을 겹쳐 칠해 원하는 색상을 만들거나, 부드럽게 섞어 혼합된 느낌을 표현할 수 있습니다.

3. 그러데이션(Gradation) 만들기
한 색에서 다른 색으로 자연스럽게 이어지는 그러데이션 효과를 만들어 보세요. 두 색의 경계선을 반복해서 칠하며 섞으면 부드러운 전환 부분을 만들 수 있습니다.

4. 수채화 느낌 내기
수채 색연필은 물에 녹아 물감처럼 자연스러운 효과를 낼 수 있어요.

- **색칠하기** : 종이에 원하는 색을 칠합니다. 진하게 칠하면 더 선명한 색이 나올 수 있어요.
- **물을 사용해 블렌딩** : 물에 젖은 붓으로 색을 부드럽게 번지게 하고 물의 양을 조절해 색의 농도를 표현해 보세요.

🖍️ 색연필 활용 팁

색연필은 간단하면서도 다양한 표현이 가능한 도구입니다. 다양한 기법과 도구를 통해 색연필을 더 재미있게 사용해 보세요!

트레이싱으로 무늬 만들기
나뭇잎, 동전, 레이스 천처럼 울퉁불퉁한 물체를 놓습니다. 그 위에 종이를 덮고 색연필로 살살 칠하면 밑에 있는 물체 모양이 종이에 나타나요. 마치 마법처럼 숨겨진 무늬가 보이죠! 이렇게 만든 무늬는 배경으로 쓰거나 여러 색을 겹쳐 칠해서 독특한 작품을 만들 수 있어요.

투명한 색 겹치기
밝은색을 먼저 칠한 뒤 그 위에 여러 가지 색을 얇게 겹쳐 칠해 보세요. 색이 겹쳐지면 투명하고 깊은 느낌이 나요. 어두운색 위에 밝은색을 얹으면 그림에서 중요한 부분을 더 눈에 띄게 만들 수 있답니다.

젤리 펜으로 반짝임 표현하기
그림 속 하얗게 빛나는 부분(예: 눈동자, 유리, 물방울 등)을 표현하고 싶을 때 흰색 색연필이나 젤리 펜을 써 보세요. 빛과 반짝임을 더하면 그림이 더 생생하고 입체적으로 보여요. 특히 보석, 물방울, 빛이 반사된 부분을 강조할 때 좋아요.

드라이 브러시 텍스처 만들기
거친 종이에 색연필을 가볍게 문질러 표면 질감을 그대로 살려 보세요. 색이 고르게 채워지지 않고 종이 결이 드러나면서 바위, 나무껍질, 천 같은 재질을 표현할 때 적합합니다. 힘 조절에 따라 거친 느낌부터 부드러운 질감까지 다양하게 표현할 수 있어요.

마스킹 기법 활용하기
마스킹 테이프나 스티커를 붙이고 색칠한 후 조심스럽게 떼어내면 깨끗하고 선명한 경계가 생깁니다. 별, 구름, 기하학적 무늬 등 원하는 모양을 자유롭게 만들어 넣을 수 있어요. 색칠 전 모양을 미리 잘라 붙이면 더욱 깔끔한 결과를 얻을 수 있습니다.

🎨 색연필 주의 사항

색연필을 안전하고 효과적으로 사용하려면 다음 주의 사항을 꼭 지켜주세요.

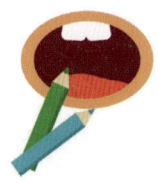

색연필을 입에 넣지 않기
색연필은 안전하게 만들어졌지만, 입에 넣거나 물어뜯지 않도록 주의해야 해요. 특히 어린이가 사용할 때는 어른이 함께 지켜봐 주세요.

사용 후 정리하기
색연필을 사용한 후에는 꼭 한 군데 모아 정리해서 보관하세요. 바닥에 굴러다니면 부러지거나, 발로 밟아서 다칠 수 있어요. 원래 있던 케이스나 필통에 넣어 두면 안전해요.

연필깎이 사용할 때 조심하기
색연필 심을 깎으려 연필깎이를 사용할 때는 손을 다치지 않게 조심하세요. 손이 작거나 사용법이 서툰 어린이는 꼭 부모님이나 선생님의 도움을 받아야 안전합니다.

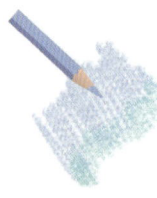

너무 세게 칠하지 않기
색연필을 꽉 쥐고 손에 힘을 너무 강하게 주면 색심이 부러질 수 있어요. 적당한 힘으로 칠해야 색도 고르게 발리고, 색연필도 더 오래 사용할 수 있습니다.

색연필 뾰족한 끝 주의하기
색연필을 깎은 후에는 뾰족한 끝 부분에 다칠 위험이 있으니, 어린이들이 장난치지 않도록 지도하고, 사용하지 않을 때는 안전한 곳에 보관하세요.

구스타프 클림트, <에밀리 플뢰게의 초상>
미대엄마의 명화 Pick!
Gustau Klimt, Portrait of Emilie Floge

🔵 **명화 감상하기**

구스타프 클림트, <에밀리 플뢰게의 초상>, 1902

구스타프 클림트는 화려하고 눈길을 끄는 작품으로 유명한 화가예요.

그의 작품 〈에밀리 플뢰게의 초상〉은 클림트의 오랜 친구이자 특별한 존재였던 에밀리 플뢰게를 그린 그림이에요. 에밀리는 당시 멋진 옷을 디자인하는 패션 디자이너였고 예술과 패션계에서 모두 주목받는 사람이었답니다.

이 작품에서 제일 먼저 눈에 띄는 건 에밀리가 입은 멋진 옷이에요. 금빛이 살짝 들어간 듯한 화려한 무늬와 독특한 패턴이 보이죠. 클림트는 옷의 주름을 세세하게 그리기보다 화려한 무늬와 색으로 에밀리의 특별함을 표현했어요. 그림 속 에밀리는 긴 드레스를 입고 당당하게 서 있는데, 마치 공주님처럼 우아한 모습이에요.

클림트는 에밀리의 얼굴만 그린 게 아니에요. 그녀가 가진 멋과 아름다움을 옷과 배경을 통해 한데 어울리게 담았어요. 특히 배경의 무늬는 옷과 연결된 것처럼 보여서 에밀리가 무늬 속에서 빛나는 것 같은 느낌을 줍니다.

에밀리 플뢰게는 클림트와 오랫동안 가까운 친구였고 그가 작품을 만들 때 큰 영감을 준 사람이었어요. 그래서 이 작품은 단순한 초상화가 아니라 에밀리가 클림트에게 얼마나 소중한 사람이었는지를 보여주는 작품이라고 할 수 있어요. 그래서 〈에밀리 플뢰게의 초상〉을 보면 화려한 무늬와 당당한 모습 속에서 에밀리의 특별함과 클림트가 느낀 아름다움을 함께 느낄 수 있어요. 이 작품은 단순히 한 사람의 얼굴을 그린 것이 아니라, 모델 에밀리만의 개성과 화려함을 담은 그림이에요.

아이와 함께 감상하기 Tip

1. 옷의 무늬 관찰하기
에밀리가 입은 옷에서는 어떤 무늬들이 보이니? 네가 좋아하는 모양이나 색깔이 있어?

2. 에밀리의 표정과 자세 이야기하기
에밀리가 입은 옷과 자세를 보면 어떤 사람이었을 것 같니?

3. 에밀리와 클림트의 특별한 우정을 이야기해 보기
에밀리는 클림트의 중요한 친구였대. 너라면 네가 좋아하는 친구를 어떻게 그림으로 표현하고 싶어?

4. 배경의 무늬에 대해 생각하기
너는 이 무늬가 무슨 뜻이 있다고 생각하니?
이 무늬들을 활용해서 방을 꾸미거나 새로운 작품을 만든다면 어떻게, 혹은 어떤 것을 만들고 싶니?

✹ 추천 미술 놀이 🔴

패턴화 그리기 놀이

이 활동은 화가 구스타프 클림트의 그림처럼 옷이나 물건에 여러 가지 무늬를 그려보고, 배경을 수채화로 색칠하는 미술 놀이예요. 유성 색연필로 다양한 패턴을 그리고 수채화 물감으로 색을 채우면 멋진 대비가 생겨요. 이를 통해 패턴, 반복, 크기, 모양과 같은 미술 요소를 자연스럽게 배울 수 있어요.

 **준비물**
도안, 유성 색연필, 수채화 물감, 붓, 마스킹 테이프

도안 다운로드

🎨 놀이과정

1 도안을 준비합니다. 도안은 직접 그려도 되고 인쇄해서 사용해도 좋아요.

2 도안 위에 유성 색연필로 다양한 무늬를 그려 보세요. 한 가지 모양보다 다양한 무늬를 나눠서 그려 봅니다.

3 수채화 물감으로 주변 배경을 칠해 주세요. 물이 닿으면 종이가 울 수 있으니, 마스킹 테이프로 사방을 단단히 고정하면 좋습니다.

4 완성된 그림을 가지고 이야기를 나누어 보세요. 아이가 표현한 무늬와 색을 함께 보며, 어떤 느낌과 생각을 담았는지 이야기를 나누어 보세요.

놀이 Tip

- 패턴을 그리며 반복, 대조, 균형, 리듬을 자연스럽게 익힐 수 있어요.
- 제한된 공간에서 정교한 패턴을 반복하면서 집중력과 조형 감각이 발달합니다.
- 유성 색연필과 수채 물감이 서로 섞이지 않는 성질을 이용해 질감 차이를 느끼며 재료의 특성을 이해할 수 있어요.

미대엄마의 명화 Pick!	# 신사임당, <초충도>
	申師任堂, 草蟲圖

🔵 **명화 감상하기**

신사임당, <초충도>, 16세기

신사임당은 조선 시대를 대표하는 여성 화가예요.

자연 속에서 꽃, 풀, 곤충 같은 작은 생물들을 아주 사랑했고 그것들을 세심하고 아름답게 그림으로 표현했어요. 그래서 사람들은 신사임당을 '자연을 담은 화가'라고 부르기도 해요.

〈초충도〉는 풀과 꽃, 나비와 작은 곤충들이 함께 어우러진 모습을 담고 있어요. 작품 속 꽃은 바람에 살짝 흔들리는 것처럼 보이고 곤충들은 금방이라도 움직일 것 같아요. 이렇게 살아 있는 듯한 느낌이 드는 건 신사임당이 직접 자연을 관찰하며 꽃잎의 부드러운 결, 풀의 가느다란 줄기, 벌레의 더듬이와 날개 무늬까지 아주 꼼꼼하게 그렸기 때문이에요.

〈초충도〉는 단순히 예쁜 꽃 그림이 아니에요. 신사임당은 이 작품을 통해 "자연 속의 모든 생명은 다 소중하다"라는 메시지를 전했어요. 그래서 그림 속 작은 풀벌레 하나도 대충 그리지 않고 사랑스럽고 소중하게 표현했어요.

또한 이 작품에는 자연과 사람의 조화라는 생각이 담겨 있어요. 꽃과 곤충이 서로 의지하며 살아가듯 사람도 자연과 함께 어울려 살아야 한다는 마음이 느껴져요. 조선 시대에 이런 생각을 그림에 담은 여성 화가는 드물었기 때문에 신사임당은 더욱 특별한 인물로 기억되고 있답니다.

〈초충도〉는 우리나라 미술사에서도 중요한 작품이에요. 신사임당의 뛰어난 그림 실력뿐 아니라 그의 마음과 가치관, 그리고 조선 시대 여성의 지혜와 힘을 보여주는 작품이기 때문이에요. 이 작품을 보면 마치 그림 속 세상에서 작은 생명들이 숨 쉬고 있는 것 같아요. 여러분도 그림을 보면서 꽃잎 위에 앉은 벌레가 무슨 생각을 하고 있을지, 나비가 어디로 날아갈지 상상해 보세요. 그러면 신사임당이 느꼈던 자연의 아름다움과 평화, 그리고 생명의 소중함을 함께 느낄 수 있을 거예요.

🌱 아이와 함께 감상하기 Tip

1. 그림 속 곤충 찾기
그림 속에서 어떤 곤충들이 보이니? 이 곤충들은 어디로 가는 중일까? 지금 무엇을 하고 있을까?

2. 곤충과 꽃의 관계 상상하기
자연 속에서 곤충과 꽃은 서로 어떤 관계일까?

3. 세밀한 관찰하기
풀잎의 모양을 보면 어떤 느낌이 들어? 꽃잎과 곤충의 다리는 어떤 점이 비슷하고 어떤 점이 다를까?

4. 자연 속의 작은 생명에 대해서 이야기 나누기
우리 주변 자연에도 이런 풀과 곤충들이 있을까? 우리 동네에서 찾아볼 수 있는 곤충은 뭐가 있을까?

✦ 추천 미술 놀이 ●

나만의 색연필화 초충도 그리기

신사임당이 그린 꽃과 곤충 그림처럼 수성 색연필로 부드럽게 색을 칠하고 붓으로 번지게 하면서 완성하는 미술 활동이에요. 먼저 색연필로 색을 칠하고 그 위에 물을 묻혀 번짐을 조절하면 수채화와 색연필 드로잉의 매력을 함께 느낄 수 있어요. 마무리로 꽃이나 곤충 같은 작은 그림을 더해 작품을 완성하면 집중력과 표현력이 자라나요. 색의 흐름, 부드러운 곡선, 붓 터치의 재미를 느끼며 자연을 자세히 관찰하고 섬세하게 표현하는 연습을 할 수 있답니다.

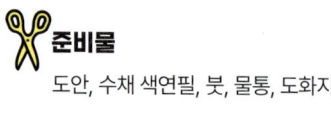
준비물
도안, 수채 색연필, 붓, 물통, 도화지

QR
도안 다운로드

놀이과정

1. 꽃, 잎, 곤충을 연필이나 색연필로 부드럽게 스케치합니다. 선을 너무 진하게 그리지 말고 나중에 채색할 때 자연스럽게 어우러질 정도로 가볍게 그려 주세요.

2. 스케치에 색연필로 색을 입혀 주세요. 꽃잎은 부드럽게, 잎과 줄기는 결을 살리면서 칠하면 더 자연스럽습니다. 색의 농도를 조절하며 여러 번 덧칠하면 깊이 있는 색감을 만들 수 있어요.

3. 물을 살짝 묻힌 붓으로 색연필 위를 부드럽게 쓸어 주면 색이 자연스럽게 번져 수채화 느낌이 납니다. 종이가 울지 않도록 붓에 물을 너무 많이 묻히지 않는 것이 중요합니다.

4. 물이 완전히 마른 뒤 다시 색연필로 꽃잎의 결, 잎맥, 곤충의 무늬 등 세세한 부분을 덧그려 그림을 더 사실적이고 풍부하게 만듭니다.

놀이 Tip

- 두 가지 이상을 겹쳐 칠해서 물감처럼 번지는 수성 색연필의 특징을 살려보세요. 물로 번졌을 때 색이 어떻게 섞이는지 비교하며 색 조합 감각이 자라납니다.
- 자연에서 꽃과 잎, 작은 곤충을 돋보기로 관찰한 뒤 무늬와 질감을 그림에 표현해 보세요. 실제 관찰을 바탕으로 그리면 세부 묘사가 더 풍부해집니다.
- 실제 관찰한 사물이나 풍경을 그린 뒤 그 장면을 상상 속에서 변형해 보세요. 바다가 무지개색이 되거나 나무가 사탕으로 변하는 식으로 말이죠. 관찰력과 창의력을 동시에 키울 수 있습니다.

Pencil & Charcoal

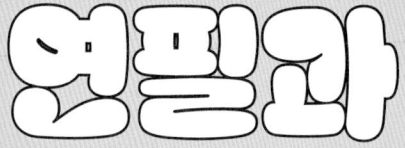

Pencil & Charcoal

◆ **연필과 목탄**은
◆ 무엇일까요?

연필과 목탄은 그림을 그릴 때 흔히 사용하는 기본 미술 도구예요. 둘 다 멋진 그림을 그릴 수 있지만, 사용하는 방법과 표현하는 느낌이 조금씩 달라요. 어떤 특징이 있는지 함께 알아볼까요?

연필은 우리가 잘 알고 있는 도구로, 흑연과 점토를 섞어서 만든 심이 나무로 둘러싸여 있어요. 연필은 아주 얇은 선도 그릴 수 있고, 힘을 주면 진한 선을 그릴 수도 있어요. 심의 단단한 정도에 따라 종류가 다양하게 나뉘는데, H 계열은 단단해서 연한 선과 깨끗한 그림을 그릴 때 좋고, B 계열은 부드러워서 짙고 어두운 명암을 표현할 때 좋아요. 연필은 그림의 밑그림을 그리거나, 작은 디테일을 섬세하게 표현하는 데 자주 사용돼요. 또, 지우개로 쉽게 고칠 수 있어서 연습하거나 수정할 때도 편리하답니다.

목탄은 나무를 태워 만든 미술 도구로, 부드럽고 거친 질감이 특징이에요. 색깔이 진한 검은색이라서 그림에 강렬한 느낌을 줄 수 있어요. 목탄은 크게 스틱 목탄, 그보다 더 단단한 압축 목탄, 연필처럼 사용할 수 있는 목탄 연필이 있어요.

목탄은 넓은 면적을 칠하거나 부드러운 명암을 표현하는 데 아주 좋아요. 손가락이나 찰필(Blending Stump)로 문질러서 자연스럽게 색을 퍼뜨릴 수도 있고, 지우개로 지워 밝은 부분을 만들어 하이라이트를 줄 수도 있답니다. 그래서 목탄은 인물화, 풍경화 같은 그림을 그릴 때 많이 사용하지요.

연필은 정밀하고 깔끔한 그림을 그릴 때 유용하고, 목탄은 강렬하고 부드러운 명암을 표현할 때 좋아요. 두 가지 도구를 함께 사용하면 멋진 효과를 낼 수 있어요. 예를 들어, 연필로 세밀한 부분을 그리고, 목탄으로 배경이나 어두운 부분을 채우면 그림에 깊이감과 독특한 느낌을 더할 수 있답니다.

연필과 목탄은 모두 개성 있는 그림을 그리는 데 꼭 필요한 재료예요. 여러분도 이 도구들을 사용해 다양한 표현 방식을 실험하면서 자신만의 멋진 그림에 도전해 보세요!

🖊️ 연필의 종류와 사용법

연필은 그림을 그릴 때 누구나 한 번은 써볼 정도로 흔하면서, 멋진 그림에 꼭 필요한 도구지요. 일반적으로 연필은 심의 단단한 정도에 따라 H, B 등 여러 가지 종류로 나뉩니다. 심의 단단한 정도는 아주 중요한 기준인데, 그 정도에 따라 표현 방법이 달라서 잘 어울리는 사용법도 각각 다르답니다. 그림의 스타일과 목적에 맞는 연필을 골라 사용하면 훨씬 재미있게 그림을 그릴 수 있어요. 어떤 연필이 어떤 그림에 어울리는지 함께 알아볼까요?

1. H 계열 연필 – 단단한 심으로 가늘고 연한 선 그리기

H 계열 연필은 심이 단단해서 아주 가늘고 깨끗한 선을 그릴 때 좋아요. 예를 들어 2H, 4H 같은 연필은 선을 연하게 그릴 수 있어서 밑그림을 그릴 때 유용해요.

사용법
- 스케치할 때 가볍게 사용하면 지우개로 쉽게 지울 수 있어요.
- 가는 선으로 디테일을 세밀하게 그리거나 밝은 부분을 표현할 때 좋아요.
- 건축 도면이나 정밀한 선이 필요한 그림에도 어울려요.

2. B 계열 연필 – 부드럽고 진한 명암 표현에 적합

B 계열 연필은 심이 부드럽고 진해서, 어두운 명암이나 부드러운 번짐(그러데이션)을 표현할 때 좋아요. 숫자가 클수록(4B, 6B 등) 더 부드럽고 진한 색을 낼 수 있답니다.

사용법
- 명암 표현이 중요한 그림에서 밝은 부분과 어두운 부분을 자연스럽게 연결해요.
- 손가락이나 휴지로 문지르면 부드러운 블렌딩 효과를 낼 수 있어요.
- 인물화나 풍경화처럼 입체적인 느낌이 필요한 그림에 잘 어울려요.

3. HB 연필 – 다용도로 사용하기 좋은 기본 연필

HB 연필은 H 계열과 B 계열의 중간 정도 단단함이라서 글씨 쓰기와 그림 그리기에 모두 적합해요.

사용법
- 초보자가 그리기 연습할 때 사용하기 딱 좋아요.
- 선을 그리거나 기본적인 명암을 표현할 때 적당해요.
- 글씨와 그림을 함께 그릴 때도 유용해요.

🖋 연필 활용 팁

다양한 종류의 연필 함께 활용하기

연필을 한 종류만 쓰기보다, 여러 종류를 함께 사용하면 더 풍부하고 멋진 그림을 완성할 수 있어요.

· 밑그림은 H 계열로 가볍게 그리고, B 계열로 어두운 부분과 명암을 더해 보세요.
· HB 연필로 기본 형태를 잡은 뒤, 세밀한 표현은 H 계열로, 진한 표현은 B 계열로 덧칠하면 좋아요.

연필 끝 모양에 따른 표현 방법

연필 끝을 뾰족하게 깎으면 아주 가는 선을 그릴 수 있어요.
끝을 납작하게 다듬으면 넓은 면적을 칠하거나 부드러운 질감을 살릴 수 있답니다.

선의 방향으로 질감 표현하기

연필 선을 한 방향으로만 긋지 말고 물체의 형태나 질감에 맞춰 곡선, 교차선, 짧은 선 등으로 다양하게 사용해 보세요. 선만으로 나무껍질은 거칠게, 천은 부드럽게 표현할 수 있습니다.

번짐과 음영 만들기

그림자나 부드러운 그러데이션을 만들고 싶을 때는 연필로 칠한 부분을 휴지, 면봉, 손가락 등으로 살살 문질러 번지게 해보세요. 경계가 부드러워지며 입체감이 살아납니다.

지우개로 하이라이트 넣기

밝게 표현하고 싶은 부분은 지우개로 살짝 문질러 연필로 그린 부분을 지워주세요. 빛이나 반짝임을 강조할 때 유용하며 세밀한 표현에는 모양 지우개를 쓰면 좋습니다.

🌿 목탄의 종류와 사용법

목탄은 특유의 진한 검은색과 부드러운 질감으로 그림에 깊이를 더해주는 미술 도구예요. 목탄은 종류에 따라 질감과 표현 방식이 조금씩 다르며 올바르게 사용하면 더욱 풍부한 효과를 낼 수 있습니다.

1. 스틱 목탄(Stick Charcoal)
나무를 태워 만든 전통적인 기본 형태의 목탄으로, 부드럽게 그려지면서도 거친 질감을 표현할 수 있습니다.

사용법
· 넓은 면적을 빠르게 채울 때 유용합니다.
· 종이에 가볍게 눕혀 부드럽게 칠하면 배경처럼 사용할 수 있습니다.
· 손가락이나 찰필(Blending Stump)을 사용해 자연스러운 명암을 만들 수 있습니다.
· 빠른 스케치나 인물, 동물의 움직임을 표현하는 데 적합합니다.

2. 압축 목탄(Compressed Charcoal)
가루 목탄을 압축해 만든 형태로, 스틱 목탄보다 진하고 단단합니다. 명확하고 선명한 검은색을 낼 수 있습니다.

사용법
· 또렷하고 강렬한 선을 그릴 때 적합합니다.
· 어두운 부분을 강조해 강한 대비 효과를 줄 수 있습니다.
· 눈동자나 머리카락 등 세밀한 묘사에 유리합니다.

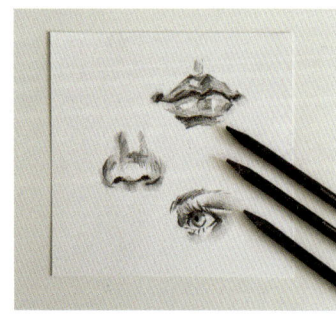

3. 목탄 연필(Charcoal Pencil)
목탄을 연필처럼 가공한 형태로, 손이 덜 더러워지는 장점이 있고 정밀한 표현이 가능합니다.

사용법
· 작은 디테일이나 세밀한 명암 표현에 좋습니다.
· 인물화에서 눈, 코, 입 등 세부 묘사에 유용합니다.
· 깔끔한 작업을 원할 때 적합합니다.
· 연필처럼 쉽게 다룰 수 있습니다.

🔹 목탄 활용 팁

손으로 문질러 블렌딩하기
목탄은 부드러워서 손이나 찰필로 문지르면 자연스러운 명암을 만들 수 있어요.

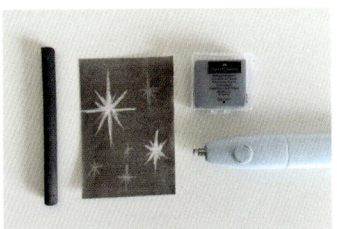

지우개로 하이라이트 만들기
지우개로 목탄을 지워 밝은 부분을 만들면 그림에 생동감을 줄 수 있어요.

번짐 방지하기
목탄은 잘 번지기 때문에 그림을 다 그린 뒤 픽사티브(고정 스프레이)를 뿌려 보존하세요.

소프트 목탄과 하드 목탄의 차이
- 소프트 목탄 : 부드럽고 진하게 색을 표현할 수 있어요. 명암이나 부드러운 느낌을 강조할 때 사용하면 좋아요.
- 하드 목탄 : 단단하고 선명한 선을 그릴 수 있어요. 정교한 선이나 날카로운 디테일 표현에 적합해요.

미대엄마의 명화 Pick! 레오나르도 다 빈치, <수태고지를 위한 백합 드로잉>
Leonardo da Vinci, Drawing of lilies, for an Annunciation

명화 감상하기

레오나르도 다 빈치, <수태고지를 위한 백합 드로잉>, 1500

레오나르도 다 빈치는 르네상스 시대 이탈리아에서 활동한 천재 예술가이자 발명가, 과학자, 해부학자였어요. 그는 다양한 분야에서 뛰어난 업적을 남겼으며 그림에서도 섬세하고 사실적인 표현으로 유명하죠. 그의 작품 〈수태고지를 위한 백합 드로잉〉은 순수함과 깨끗함을 상징하는 백합꽃을 세밀하게 그린 그림이에요.

이 작품은 성경 속 '수태고지(Annunciation)' 장면을 위한 작품을 준비하며 그린 것으로 알려져 있습니다. 수태고지는 천사 가브리엘이 성모 마리아에게 아기 예수의 탄생 소식을 전하는 장면이에요. 이 이야기에서 백합은 성모 마리아의 순결함을 상징하며 등장합니다.

그림을 자세히 보면 꽃잎 하나하나의 곡선과 줄기의 부드러운 선이 마치 진짜 꽃처럼 자연스럽게 표현되어 있어요. 그는 단순히 꽃의 외형만 그린 것이 아니라 구조와 질감을 관찰하고 세밀한 선으로 옮겨 담았습니다. 당시 사용한 도구는 흑연이나 금속 펜촉으로 추정되며 종이에 드로잉한 작품이에요.

레오나르도는 그림을 그리기 전 항상 자연을 깊이 관찰하고 작은 디테일까지 놓치지 않았습니다. 그는 '자연은 최고의 스승'이라고 말하며 사물의 본질과 아름다움을 연구했어요. 그래서 이 백합 드로잉에는 꽃의 아름다움뿐 아니라 생명력과 정교함까지 담겨 있죠. 그림을 보면 백합이 살아 숨 쉬는 듯한 생생함을 느낄 수 있습니다.

이 작품을 통해 레오나르도가 마치 우리에게 이렇게 말하는 듯해요. "자연 속의 작은 것도 자세히 보면 이렇게 아름답고 소중하단다. 주변의 자연을 잘 살펴보고 사랑하길 바란다."

여러분도 주변에서 백합이나 다른 꽃을 찾아 꽃잎과 줄기의 곡선을 따라 그려보세요. 레오나르도처럼 섬세한 관찰과 표현을 담아낼 수 있을지도 몰라요!

아이와 함께 감상하기 Tip

1. 백합을 자세하게 관찰하기
그림 속 백합꽃의 꽃잎은 어떤 모양으로 생겼니? 부드러워 보이니? 거칠어 보이니? 줄기의 선은 곧은 것 같아? 휘어진 것 같아?

2. 꽃이 가진 상징 이야기하기
백합은 깨끗함과 순수함을 상징한대. 백합을 선물한다면 누구에게 주고 싶어?

3. 레오나르도 다빈치에 대해 생각해 보기
이 화가는 꽃을 그리기 전에 아주 오랫동안 관찰했다고 해. 어떤 생각을 하며 이 꽃을 관찰했을까?

4. 백합을 주제로 나만의 그림 그리기
꽃잎이나 색깔, 줄기를 다르게 표현해서 백합을 그려보자.

❋ 추천 미술 놀이

식물 세밀화 드로잉

실제 식물 사진과 도안을 반으로 나누어, 한쪽은 세밀하게 관찰하고 나머지 반쪽은 직접 표현해 그려보는 세밀화 그리기 활동입니다. 연필 선의 강약과 형태 묘사, 섬세한 관찰력을 기르며 과학과 미술을 함께 경험할 수 있지요. 다 빈치처럼 세밀한 표현을 시도해 보고 기초 드로잉 실력과 집중력을 동시에 키울 수 있는 활동입니다.

 준비물
도안(실물 사진) 두 장, 연필, 지우개, 찰필(또는 면봉)

도안 다운로드

 **놀이과정**

1. 실제 꽃 사진을 두 장 준비하고 충분히 관찰합니다.

2. 꽃 사진 한 장을 반으로 잘라 도화지에 붙여주세요

3. 남은 반쪽을 보며 도안의 빈 부분을 연필로 섬세하게 그려 넣습니다. 연필선에 명암과 블렌딩을 더하면 완성도가 한층 높아져요.

4. 완성한 그림을 전시하고 사진과 비교하며 이야기를 나누어 보세요. 아이의 관찰력과 세밀한 시선을 함께 발견해 보세요.

놀이 Tip

⇒ 실제 사물을 관찰하고 직접 그려보는 연습입니다.
⇒ 연필 선의 강약을 통해 기초 묘사 능력을 향상시킬 수 있어요.
⇒ 같은 대상을 한 장은 연필 드로잉, 한 장은 색연필로 그려 비교 감상해 보아도 좋습니다.

미대엄마의 명화 Pick!
앙리 마티스, <윤기 있는 머릿결의 나디아>
Henri Matisse, Nadia aux cheveux lisses

명화 감상하기

앙리 마티스, <윤기 있는 머릿결의 나디아>, 1948

앙리 마티스는 '색채와 선의 마법사'라고 불리는 화가예요!
그는 단순한 선만으로도 사람의 감정과 아름다움을 멋지게 표현한 예술가였습니다. <윤기 있는 머릿결의 나디아>는 마티스가 그린 '나디아 드로잉 시리즈' 중 한 작품으로, 간단한 선만으로 얼마나 많은 것을 표현할 수 있는지를 잘 보여주는 예입니다.

이 시리즈를 그릴 때 마티스는 주로 연필, 잉크 펜, 목탄 같은 간단한 도구를 사용했어요. 그래서 복잡한 디테일은 없지만 나디아의 표정과 자세, 분위기가 고스란히 전해집니다. 마티스는 단 한 줄의 선에도 표정과 감정을 담아내기 위해 세심하게 계획하여 그렸습니다. 자유롭게 그린 듯 보이지만 사실은 수많은 연습과 고민 끝에 나온 치밀하게 계산된 선들이에요.

마티스는 이 드로잉에서 단순함 속의 아름다움을 보여주고 있어요. 그는 "필요 없는 것은 과감히 빼고, 꼭 필요한 것만 남긴다"는 철학을 가지고 있었습니다. 그래서 배경이나 장식을 모두 생략하고 나디아의 얼굴을 몇 개의 단순한 선으로만 표현했어요. 그럼에도 그 표정과 분위기는 생생하게 전해집니다.

'나디아 드로잉 시리즈'는 단순한 선이 얼마나 많은 이야기를 전할 수 있는지를 보여주는 작품입니다. 작품 속 단순한 선 속에서 나디아의 표정과 감정이 느껴지지 않나요?

아이와 함께 감상하기 Tip

1. 선의 움직임 관찰하기
선으로만 된 그림을 보니 어떤 느낌이 들어?
컬러와 면이 들어간 작품들과는 어떤 점이 다르게 느껴지니?

2. 표정에 대해 생각하기
그림 속 여자는 어떤 표정을 짓고 있니?

3. 선이 주는 감정 이야기하기
그림 속 선들은 어떤 느낌이야?
너라면 선으로 기쁜 감정이나 슬픈 감정을 어떻게 표현할 수 있을 것 같아?

4. 얼굴에 대한 생각
너의 얼굴을 거울을 보고 그린다면 어떤 표정의 얼굴을 그리고 싶니?

✤ 추천 미술 놀이 ●

관찰 목탄 드로잉

레몬이나 화분 같은 정물을 관찰하고, 목탄을 이용해 선과 명암만으로 느낌을 담아보는 미술 활동이에요. 정밀한 묘사보다는 감각, 속도, 분위기가 중점을 두기 때문에 완벽하게 그려야 한다는 부담 없이 자유롭게 표현할 수 있답니다.

 **준비물**
목탄, 도화지, 휴지, 지우개, 정물

놀이과정

1. 마티스의 작품과 정물(레몬)을 잘 관찰해 보세요.

2. 목탄을 사용해 정물(레몬)을 단순한 선으로 표현해 보세요. 최대한 선을 하나로 써보도록 하세요.

3. 목탄을 휴지나 손으로 문질러 명암을 넣어 보세요. 색상과 재질에 따라 목탄의 질감과 색 표현이 어떻게 달라지는지 느껴보세요.

4. 완성한 그림을 보며 아이와 함께 이야기를 나눠 보세요. 그림을 그리며 손끝으로 느낀 질감과 선의 느낌에 대해 이야기하고, 감각을 표현하는 다양한 방법을 함께 찾아 보세요.

놀이 Tip

- 복잡한 사물을 단순하게 보는 연습은 아이의 형태 감각을 길러줍니다.
- 손힘으로 목탄의 굵기와 강약을 조절하며 자기 조절력과 표현력이 자랍니다.
- 정밀한 묘사보다 느낌을 살리는 인상 표현을 경험해 보세요.
- 활동을 어렵게 느낀다면 연필로 먼저 그리고, 그 위에 목탄으로 덧그려도 좋습니다.

목탄 가루 활용법 및 작품 보관법

목탄을 사용하면 자연스럽게 가루가 생기지요. 이 가루를 이용해 작품에 다양한 표현을 더할 수 있어요. 예를 들어 배경 채우기, 명암 강조, 질감 표현 등 여러 방법으로 활용할 수 있습니다. 목탄 가루를 재미있게 쓰는 방법과 작품을 오래 보관하는 팁을 알려드릴게요.

목탄 가루 활용법

1. 배경 표현하기
- 목탄 가루를 종이에 뿌리고 손가락, 찰필(Blending Stump), 또는 부드러운 천으로 문질러 배경을 채워보세요.
- 그러데이션이 되면서 배경에 깊이감을 더할 수 있어요.

2. 명암 강조하기
- 명암을 넣고 싶은 부분에 가볍게 가루를 뿌린 뒤 주변과 자연스럽게 연결되도록 블렌딩합니다.
- 파스텔처럼 부드럽게 사용할 수 있으며 입체감을 주어 생동감 있는 그림을 만들어 줍니다.

3. 텍스처 만들기
- 목탄 가루를 브러시로 가볍게 두드리거나 문질러 종이 표면에 독특한 질감을 추가해 보세요.
- 스펀지나 헝겊을 사용하면 더 다양한 질감을 표현할 수 있습니다.

4. 혼합 기법
- 목탄 가루를 연필이나 목탄 스틱과 함께 사용하면 명암 표현이 더욱 풍부해져요.
- 목탄 가루를 넓게 퍼뜨린 뒤, 목탄 연필로 디테일을 더하면 강렬한 대비 효과를 줄 수 있답니다.

5. 마스크 기법
- 종이로 원하는 모양의 구멍을 만든 뒤 목탄 가루를 뿌리거나 문질러 특정 모양을 만들어 보세요.
- 다양한 모양을 쉽고 빠르게 표현할 수 있어요.

목탄 작품 보관법

목탄 그림은 쉽게 번지거나 손상될 수 있으므로 완성 후 세심하게 보관하는 것이 중요해요. 픽사티브(고정 스프레이)를 사용하면 오랫동안 깨끗하게 유지할 수 있고 유산지나 액자 보관도 좋은 방법입니다.

1. 픽사티브(고정 스프레이) 사용하기
· 목탄 그림은 잘 번지기 때문에 작업이 끝난 뒤 픽사티브를 뿌려 고정하세요.
· 픽사티브는 그림에서 20~30cm 떨어진 거리에서 얇게 뿌리는데, 한 번에 너무 많이 뿌리지 않는 것이 중요합니다.
· 필요하면 한 번 뿌리고 말린 뒤 추가로 뿌려줍니다.

2. 유산지나 왁스 페이퍼로 덮기
· 픽사티브를 사용하지 않았다면, 유산지나 왁스 페이퍼를 그림 위에 덮어 보관하세요.

3. 평평하게 보관하기
· 목탄 그림은 말리거나 접히면 가루가 떨어질 수 있으니, 평평한 상태로 전용 포트폴리오 북에 넣어 두면 안전합니다.

4. 직사광선과 습기 피하기
· 목탄 그림은 햇빛과 습기에 약하기 때문에, 서늘하고 건조한 곳에 보관하는 것이 좋아요.

5. 액자에 넣기
· 픽사티브로 고정한 후 유리 액자에 넣어 보관하면 작품이 안전하게 보호됩니다.

Chapter 2

습식 미술 도구

Acrylic Paint

아크릴 물감

Acrylic Paint

◆ **아크릴 물감**은
◆ 무엇일까요?

아크릴 물감은 물과도 쉽게 섞이고, 마르면 단단하게 굳어 방수되는 물감입니다. 약 100년 전 독일에서 처음 개발된 뒤 전 세계로 퍼져 공예나 그림 등 다양한 예술 활동에 널리 쓰이고 있습니다. 특히 팝아트로 유명한 앤디 워홀 등의 현대미술 화가들이 강렬한 색감과 빠른 건조 속도를 활용하여 대담하고 창의적인 작품을 만들어 왔습니다. 종이뿐 아니라 나무, 캔버스, 종이, 유리, 플라스틱 등 여러 가지 표면에 사용할 수 있다는 점도 아크릴 물감이 가진 큰 매력 중 하나죠.

아크릴 물감은 건조 속도가 빨라서 작업을 신속하게 마무리하기에 좋고, 마른 뒤에는 물에 잘 지워지지 않아 작품을 오래 보관할 수 있다는 장점도 있어요. 색상 발색이 선명해서 어린이가 사용하기에도 좋아요. 조금 더 오랫동안 물감을 섞거나 덧칠하면서 작업하고 싶다면 아크릴 미디엄(물감을 푸는 매제)을 섞어 건조 속도를 조절할 수도 있습니다.

활용 방법으로는 손바닥에 물감을 묻혀 캔버스나 종이에 그림을 찍어 보는 손도장 그림 활동을 하거나, 자연에서 주운 돌이나 나무 조각에 그림을 그려 개성 있는 장식품을 만드는 등 다양한 미술 놀이를 할 수 있습니다. 또한 친구나 가족의 얼굴을 자유롭게 그리는 초상화 작업도 즐겁고 색다른 경험이 될 것입니다. 물감이 금방 마르기 때문에 여러 번 덧칠하거나 다른 재료와 섞어 보는 실험적인 시도에도 잘 어울려, 자신의 창의력을 마음껏 펼칠 좋은 도구입니다.

아크릴 물감은 건조 속도, 내구성, 색감 등 여러 면에서 매력이 넘치는 재료입니다. 다양한 방법으로 직접 색을 섞고 칠해 보며 자신만의 멋진 작품을 만들어 보세요. 새로운 시도를 할 때마다 창의력이 자라나고, 완성된 그림과 공예품을 보면 자신도 큰 성취감을 느낄 수 있을 거예요.

🎨 아크릴 물감 사용법

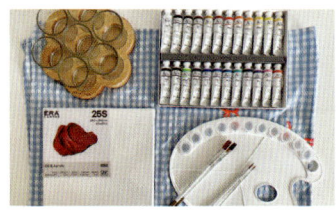

1. 작업 공간과 도구 준비하기

물감이 묻어도 상관없도록 작업용 테이블이나 바닥에 신문지, 천 또는 매트를 깔아 준비합니다. 붓, 물통, 아크릴 팔레트, 캔버스(또는 종이), 그리고 아크릴 물감을 준비하세요.

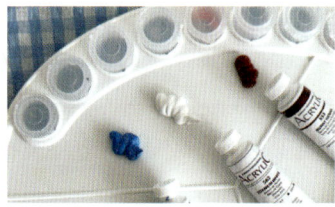

2. 물감 짜서 섞기

팔레트에 필요한 만큼 물감을 짜고, 물 또는 아크릴 미디엄과 섞어 농도를 조절합니다. 물감이 너무 걸쭉하면 물을 조금씩 더해 가며 원하는 점성의 정도를 찾으면 됩니다.

3. 밑칠하기(초벌 칠하기)

작품의 전반적인 분위기나 색감을 결정하기 위해 먼저 얇게 밑칠을 해줍니다. 이 단계에서 물감을 너무 두껍지 않게, 밑색을 깔아 준다고 생각하고 가볍게 칠하는 게 좋아요.

4. 채색하기

밑칠이 마르면 원하는 대로 색을 섞어 자유롭게 채색합니다. 아크릴 물감은 건조가 빠르므로, 붓을 자주 씻어 주면서 물감이 굳지 않도록 신경 써주세요. 만약 천천히 작업하고 싶다면 미디엄을 섞어서 건조 시간을 늦출 수 있습니다.

5. 마무리 및 정리하기

작업을 마친 뒤에는 붓과 팔레트 등을 즉시 물로 씻어내 물감이 남지 않도록 합니다. 물감이 손이나 옷에 묻었을 때도 바로 씻어야 쉽게 제거할 수 있습니다. 완성된 작품은 완전히 건조한 뒤, 먼지가 쌓이지 않는 곳에 두면 오래 깨끗하게 유지할 수 있습니다.

🎨 아크릴 물감 활용 팁

겹쳐 칠하기(레이어링) 연습하기
아크릴 물감은 건조가 빨라서, 한 번 칠하고 마르고 나면 그 위에 다시 색을 얹어 겹쳐 칠하기가 좋습니다. 여러 겹을 쌓아 올리면 깊이감 있는 표현을 할 수 있고, 다양한 색 조합을 시도할 수 있어요.

도구 바꿔 가며 그리기
붓만 쓰지 말고 스펀지, 면봉, 칫솔, 팔레트 나이프처럼 색다른 도구도 활용해 보세요. 이 도구들을 사용해 톡톡 두드리거나 긁어내며 그림을 그리면 재미있는 질감과 무늬를 만들어 낼 수 있습니다.

색다른 소재에 칠하기
종이나 캔버스뿐 아니라 나무판이나 플라스틱, 유리 같은 다양한 소재에 직접 칠해 보세요. 아크릴 물감은 마르면 잘 지워지지 않고 오래 유지되기 때문에, 다양한 재료에 그림을 그려도 쉽게 망가지지 않습니다.

마무리 보호 작업하기
작품을 완성한 뒤에는 먼지가 쌓이지 않는 곳에서 완전히 말려 주세요. 필요하다면 전용 바니시(코팅제)를 뿌려서 물감을 더욱 오래 보존하고 색상도 선명하게 유지할 수 있어요. 완전히 마른 후 코팅하면 훨씬 오랫동안 소중히 간직할 수 있답니다.

🎨 아크릴 물감 사용 시 주의 사항

- 아이가 사용할 때 물감이 입이나 눈에 닿지 않도록 하고, 반드시 어른이 함께 지켜봐 주세요.
- 아크릴 물감은 마르면 잘 지워지지 않으므로, 피부에 묻었을 때는 바로 물과 비누로 씻어야 합니다.
- 사용 시에는 환기되는 공간에서 작업하고, 필요하면 마스크와 보호 장갑을 착용하세요.
- 눈에 물감이 들어갔다면 즉시 물로 충분히 씻은 뒤, 통증이 계속되면 병원으로 가야 합니다.
- 붓이나 팔레트는 물감이 굳기 전에 바로 씻어내고, 물감 튜브는 뚜껑을 잘 닫아 습기나 직사광선을 피해 보관합니다.

미대엄마의 명화 Pick!	**조르주 쇠라, <그랑자트섬의 일요일 오후>**
	Georges Seurat, Un dimanche après-midi à l'Île de la Grande Jatte

명화 감상하기

조르주 쇠라, <그랑자트섬의 일요일 오후>, 1884~1886

<그랑자트섬의 일요일 오후>는 19세기 말 프랑스 화가 조르주 쇠라의 대표적인 신인상주의(Neo-Impressionism) 작품이에요. 쇠라는 1884년부터 1886년 사이에 이 작품을 완성했으며, 크기는 약 207×308cm로 상당히 크답니다. 그림 속에는 파리 근교 그랑자트섬에서 휴일 오후를 보내는 다양한 사람들이 묘사되어 있어요. 인물들의 표정은 거의 없고, 마치 시간이 멈춘 듯 정지된 장면이 펼쳐져 독특한 고요함을 자아냅니다. 겉보기에는 한가로운 공원 풍경 같지만, 일부 미술사학자들은 당시 근대 도시의 계급, 사회적 예절, 그리고 여가 문화를 은근히 드러낸 작품으로 해석하기도 해요.

쇠라는 빛과 색채의 관계를 과학적으로 연구했고 이를 구현하기 위해 '점묘법(Pointillism)'이라는 기법을 사용했습니다. 점묘법은 물감을 섞어 쓰는 대신 서로 다른 색의 작은 점들을 나란히 찍어, 멀리서 볼 때 눈 속에서 색이 혼합되도록 하는 방식입니다. 이 방법은 색의 순도를 유지하면서도 화면에 미묘한 떨림과 생동감을 부여해요.

<그랑자트섬의 일요일 오후>는 이런 점묘법의 실험적 가능성을 보여주는 대표적인 사례랍니다. 가까이서 보면 수많은 색점이 모여 있고 멀리서 보면 부드럽게 색이 섞여 풍경과 인물을 형성합니다. 작품 속 인물들의 정적인 배치와 사회적 거리감은 단순한 풍경화 이상의 메시지를 담고 있다고도 볼 수 있어요. 이 작품은 단순히 '그림을 감상한다'는 차원을 넘어, 그림이 그려질 당시 도시의 분위기, 화가의 색채 연구를 함께 느낄 수 있는 중요한 미술사적 기록이랍니다.

아이와 함께 감상하기 Tip

1. 작품 속 인물과 풍경이 어떤 식으로 표현되었을까?
저 사람들은 무엇을 하는 걸로 보이니? 왜 표정이 보이지 않는 걸까?

2. 작품의 색과 특징을 관찰하기
어떤 색들이 보여? 왜 가까이에서와 멀리서 볼 때 다르게 보일까?

3. 섬의 풍경은 무엇과 닮았지? 쇠라는 왜 이런 장면을 그렸을까?
나라면 이 풍경을 어떻게 바꿔 그릴까? 이런 공원에서 놀고 싶을까?

4. 점묘법과 색감을 보며 어떤 기분이 드는지 생각해 보기
이 장면을 보고 나니 기분이 어때? 노을 질 때 보면 또 어떤 느낌일까?

* 여러 질문을 통해 작품의 색과 분위기가 주는 감정을 자유롭게 표현해 보게 하세요. "작품 속 사람들이 정말로 즐거운 걸까, 아니면 뭔가 심심해 보이는 걸까?" 등의 추가 질문을 통해 그림이 주는 여러 감정을 함께 나누며 더 깊이 있는 감상을 해보세요.

✦ 추천 미술 놀이

쇠라의 점묘화 그려보기

조르주 쇠라의 점묘법을 직접 경험할 수 있어요. 면봉을 이용해 작은 점으로 풍경을 표현하며 집중력과 관찰력, 색채 감각을 기를 수 있습니다. 색이 섞이는 원리를 자연스럽게 느끼고 실험해 볼 수 있는 활동이에요.

 **준비물**
도화지, 아크릴 물감, 면봉, 팔레트, 연필

 **놀이과정**

1. 도화지에 원하는 풍경 구도를 연필로 그려 주세요. 나무, 강, 사람, 배 등 단순한 형태로 구성하면 좋아요.

2. 면봉에 물감을 묻혀 점찍기로 색을 채워보세요. 좁은 면적은 한 가지 색을 사용하고 넓은 면적에 점을 찍을 땐 여러 개 면봉을 섞어 사용해도 좋아요. 점을 촘촘하게 찍으면서 다른 색이 겹쳐지며 생기는 시각적 혼합 효과를 관찰할 수 있습니다.

3. 완성된 그림을 보고 함께 이야기를 나누어 보세요. 이 활동에서 어떤 부분이 가장 재미있었는지, 또 어떤 점이 어려웠는지 대화하며 아이의 생각을 들어보아요. 점만으로도 그림을 완성할 수 있다는 사실을 알려주면 표현력과 상상력, 감각까지 키울 수 있답니다.

놀이 Tip

⇒ 나란히 놓인 점들이 눈에서 섞여 보이는 점묘법은 색채 감각을 키워주는 데 효과적이에요.
⇒ 점찍기는 집중력이 오래 필요한 작업이므로, 중간중간 쉬어가며 진행해 주세요.
⇒ 완성 후에는 아이와 함께 점들을 들여다보며 미세한 차이를 관찰해 보세요.
⇒ 활동 전에 쇠라 작품 이미지를 함께 감상하면 활동에 더 몰입하고 흥미를 느낄 수 있어요.

폴 세잔, <사과와 오렌지가 있는 정물>

미대엄마의 명화 Pick!

Paul Cézanne, Nature morte aux pommes et aux oranges

명화 감상하기

폴 세잔, <사과와 오렌지가 있는 정물>, 1899

폴 세잔의 〈사과와 오렌지가 있는 정물〉은 테이블 위에 놓인 사과와 오렌지를 그린 작품이에요. 프랑스 출신 화가 세잔은 사과, 오렌지 등 과일을 즐겨 소재로 삼으며 색과 형태를 조화롭게 표현하기 위해 오랜 시간 연구했어요. 흰 식탁보 위에 사과와 오렌지가 놓여 있지만, 실제로는 과일의 둥근 형태와 테이블의 기울어진 각도, 그리고 세심한 배치를 통해 실제보다 더 안정적이고 조화롭게 보이도록 구성했답니다. 이 작품을 볼 때는 색과 형태, 배치에 관한 다양한 질문을 나누며 감상해도 좋아요.

세잔은 과일의 입체감을 살리기 위해 여러 번 색을 덧칠하거나 면을 나누어 표현했어요. 덕분에 과일은 묵직하고 견고한 질감을 띠게 됩니다. 당시 화가들이 사실적 묘사를 중시했다면, 세잔은 사물의 기본 형태와 색채 관계를 깊이 탐구하며 정물화에 새로운 시도를 한 것이죠.

이 작품 속 사과와 오렌지는 유화 물감으로 그렸는데, 세잔은 물감이 마를 때까지 기다렸다가 다른 색을 덧칠해 자연스럽게 겹쳐지도록 하는 방식을 즐겨 사용했어요. 이 덕분에 그림은 깊이와 생동감을 얻게 되었죠. 평범해 보이는 과일 정물이라도 세잔의 치밀한 관찰과 구도 덕분에 완전히 새로운 미적 즐거움을 줄 수 있다는 사실을 깨닫게 됩니다.

아이와 함께 감상하기 Tip

1. 작품 속 사과와 오렌지는 어떤 식으로 표현되었을까?
세잔은 왜 사과와 오렌지를 자주 그렸을까?

2. 작품의 색상과 특징에 대해서 관찰하기
사과와 오렌지를 자세히 보면 어떤 색들이 섞여 있니?
과일의 둥근 모양을 세잔은 어떻게 표현한 것 같아?

3. 사과와 오렌지를 보며 무엇이 떠오를까?
사과나 오렌지를 볼 때 떠오르는 다른 사물이나 동물이 있을까?

4. 사과와 오렌지를 보며 어떤 감정과 느낌이 들까?
만약 이 과일들이 다른 색이었다면 느낌이 달라졌을까?

5. 새로운 시각으로 바라보기
이 그림 속에 딸기나 포도 같은 다른 과일이 추가된다면 분위기가 어떻게 바뀔까?
네가 화가라면 식탁 위에 어떤 것을 올리고 그림을 그리고 싶어?

✦ 추천 미술 놀이 ●

모델링 페이스트로 입체감 있는 사과 그리기

폴 세잔의 입체적인 표현을 해보는 미술 활동입니다. 색과 형태의 조화를 세심하게 관찰하고 구도에 집중하면서 *모델링 페이스트로 질감을 더해 입체적인 작품을 만들 수 있어요. 정물을 관찰하는 과정은 구성력과 색채 감각, 조형 능력을 키워줍니다.

* 모델링 페이스트란?
대리석 가루 등을 섞어 점도와 접착력을 높인 미술 재료입니다. 아크릴 물감과 섞어서 사용하면 입체감과 질감을 더욱 생생하게 표현할 수 있어요. 특히 표면에 두께감이 생기며 다양한 질감 효과를 낼 때 탁월합니다.

 **준비물**
캔버스, 아크릴 물감, 모델링 페이스트, 팔레트 나이프, 팔레트, 붓, 연필

🎨 놀이과정

1. 밑그림 그리기
캔버스에 연필로 과일, 테이블, 천 등 큰 형태를 단순하게 스케치해요. 사과 하나만 그리거나 자유롭게 재구성해도 좋아요.

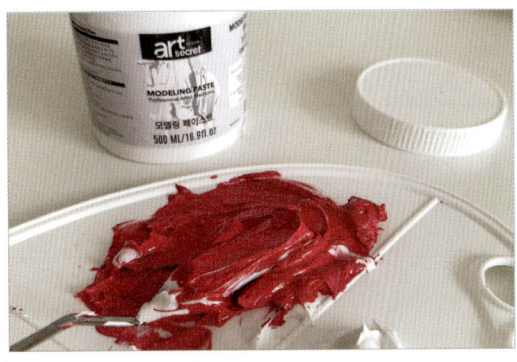

2. 모델링 페이스트와 아크릴 물감 섞기
팔레트 위에 모델링 페이스트를 덜고, 원하는 색의 아크릴 물감을 섞어주세요. 색마다 다른 나이프를 쓰면 색 오염 없이 사용할 수 있어요.

3. 색과 면으로 입체감 표현하기
나이프나 붓으로 섞은 물감-페이스트 혼합물을 캔버스에 올려 칠합니다. 덩어리감이 느껴지도록 두께를 다르게 발라보세요. 또, 밝고 어두운 색을 겹쳐 색조 변화를 표현해 보세요.

4. 완성된 그림을 보고 이야기를 나누어 보세요. 세잔 그림과 비교하며 아이가 표현한 색과 입체감에 대해 이야기해 보세요. '다르게 표현해도 괜찮아'라는 메시지가 아이의 표현 자신감을 키워 줍니다.

🟪 놀이 Tip

- 모델링 페이스트와 아크릴 물감을 섞을 때는 크림치즈 정도의 질감이 적당해요.
- 색을 겹쳐 칠하면 색 대비와 질감을 더 효과적으로 살릴 수 있어요.
- 다 마르기 전에 색을 바꾸면 자연스럽게 혼합되고, 마른 후 위에 칠하면 덧칠 효과를 느낄 수 있어요.

다양한 표면 위에서 아크릴 활용하기

1. 캔버스 위에 그리기
아크릴 물감을 가장 쉽게 사용할 수 있는 대표적인 표면이 바로 캔버스입니다. 캔버스에 그림을 그리기 전, 젯소(Gesso)를 미리 발라주면 물감이 더 잘 발리고 색감이 선명해집니다. 작업이 끝난 뒤에는 바니시를 뿌리거나 발라주면 색이 오래 유지됩니다.

2. 나무(우드 패널) 위에 그리기
나무 판이나 우드 패널에 그림을 그릴 때는 표면의 먼지와 기름기를 제거한 뒤 얇게 사포질을 하고 젯소를 발라주는 것이 좋습니다. 이렇게 하면 물감이 고르게 발리고 나무의 결이나 질감을 살린 독특한 분위기를 낼 수 있습니다.

3. 유리 위에 그리기
유리 표면에는 물감이 잘 고정되지 않기 때문에 먼저 알코올로 표면의 먼지와 기름기를 제거한 뒤 작업하세요. 그림이 완전히 마른 후에 코팅제를 발라주면 오래도록 안전하게 보관할 수 있습니다.

4. 플라스틱 위에 그리기
플라스틱은 표면이 매끄러워 물감이 잘 칠해지지 않습니다. 가볍게 사포질을 하고 물감의 접착력을 높여주는 젯소를 바르면 안정적으로 색을 올릴 수 있습니다. 또는 간단하게 바로 그림을 그린 후 마르기 전에 코팅제를 발라 마무리해도 좋습니다.

5. 천(패브릭) 위에 그리기
천 위에 직접 그림을 그릴 때는 패브릭 미디엄(아크릴 물감을 패브릭 물감으로 변형시켜주는 보조제)을 함께 사용하면 물감이 천에 잘 착색됩니다. 그림이 마른 뒤에는 다림질이나 투명 코팅을 해주면 더욱 오래 보존할 수 있습니다.

Watercolor

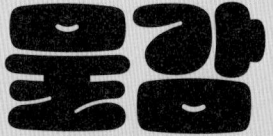

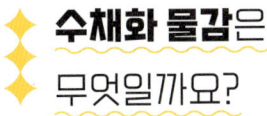 **수채화 물감**은 무엇일까요?

수채화 물감은 물에 녹여서 사용하는 물감입니다. 종이에 칠했을 때 색이 맑고 투명하게 표현되는 것이 특징이에요. 붓에 물을 많이 묻혀서 얇게 칠하면 그림이 부드럽고 가벼운 느낌이 나고, 물을 적게 섞어서 여러 번 덧칠하면 진하고 선명한 색을 낼 수도 있습니다. 건조 속도가 빨라서 금방 마르기 때문에 색을 섞거나 번지게 하는 재미도 느낄 수 있어요.

수채화 물감의 가장 큰 매력은 투명함입니다. 물감이 물과 함께 종이 표면에 스며들면서 종이의 질감을 은은하게 살려주어, 밝고 부드러운 느낌을 줍니다. 좀 잘못 칠해도 붓에 물을 충분히 묻혀 살살 문지르면 어느 정도는 수정할 수 있어요. 그림 그리기에 익숙하지 않은 초보자도 부담 없이 도전해 볼 수 있지요. 그 덕분에 미술을 시작하는 사람들이 가장 많이 추천받는 재료입니다.

수채화 물감은 간단한 준비물과 맑은 색 표현 덕분에 오랜 시간 전 세계 많은 화가와 어린이의 사랑을 받고 있어요. 물감과 물, 종이와 붓만 있으면 아름답고 투명한 느낌을 표현할 수 있으니, 마음껏 상상력을 발휘해 멋진 작품에 도전해 보세요.

🎨 수채화 물감 종류

수채화 물감은 형태에 따라 크게 튜브형과 고체형으로 나눌 수 있어요. 각각의 장단점과 특성이 뚜렷하므로, 그림의 목적과 작업 스타일에 따라 선택하거나 함께 사용해 보는 것이 좋습니다.

튜브형 수채화 물감

튜브형 수채화 물감은 부드러운 페이스트 형태로, 물을 살짝만 섞어도 쉽게 사용이 가능합니다. 안료 함량이 높아 발색이 선명하고 깊으며 색의 농도 조절이 자유로워 세밀한 표현부터 강렬한 색감까지 폭넓게 활용할 수 있습니다. 원하는 만큼 짜서 쓸 수 있기 때문에 색 혼합이 쉽고 여러 색을 섞어 새로운 색을 만들 때도 유리하다는 장점이 있습니다. 넓은 면적을 한 번에 채울 때나 색의 그러데이션을 표현할 때 특히 좋으며, 팔레트에 물감을 미리 짜 두었다가 필요할 때마다 덜어 쓰거나, 직접 종이에 짜서 펴 바르는 등 다양한 방식으로 작업할 수 있습니다.

다만 휴대성이 떨어지고 보관 시 뚜껑을 잘 닫지 않으면 물감이 마르거나 변질될 가능성이 있으므로 주의가 필요합니다.

색의 농도와 질감을 섬세하게 조절할 수 있어 완성도 높은 작품을 원하는 경우나, 채색 실험이 많은 화가, 미술 교육 현장에서 추천되는 미술 재료입니다.

고체형 수채화 물감

고체형 수채화 물감은 단단하게 건조된 블록 형태로, 주로 작은 플라스틱 용기나 팔레트에 담겨 제공됩니다. 사용 시 붓에 물을 묻혀 블록 표면을 풀어쓰는 방식이 일반적이며, 휴대성이 뛰어나 야외 스케치, 여행, 수업 현장에서 간편하게 사용할 수 있습니다.

부피가 작고 가벼워 이동이 편리하며 뚜껑을 닫아 보관하면 비교적 오랫동안 사용할 수 있습니다. 색을 혼합할 때는 팔레트 위에서 물과 함께 섞어야 하며 넓은 면적을 칠할 때는 물을 충분히 묻혀야 매끄럽게 발립니다.

고체형은 관리가 쉽고 깔끔하며 색이 마른 후에도 물을 다시 묻혀 재사용이 가능하다는 장점이 있습니다. 세밀한 작업, 스케치 위의 간단한 채색, 어린이 미술 교육에 특히 유용합니다.

🎨 수채화 물감 사용법

1. 준비하기

깨끗한 종이, 물, 붓, 그리고 수채화 물감을 준비해요. 종이는 너무 얇으면 물감이 번지거나 쉽게 구겨지기 때문에 두께가 있는 수채화 전용지를 사용하는 것이 좋아요. 종이가 두꺼울수록 물의 양을 조절하기 쉽고 색이 고르게 표현됩니다.

2. 물과 물감 섞기

팔레트나 접시에 깨끗한 물을 조금 떨어뜨리고 그 위에 물감을 살짝 풀어주세요. 이때 물의 양에 따라 색의 진하기가 달라집니다. 진하게 표현하고 싶으면 물을 적게, 연하게 표현하고 싶으면 물을 많이 섞어주세요. 물을 먼저 붓고 그 위에 물감을 올리면 색이 균일하게 풀어지며, 덩어리 없이 고르게 사용 가능합니다.

3. 밑칠하기

그림 전체 분위기를 잡기 위해 밑칠을 할 때는 물을 많이 섞어 연하게 칠합니다. 밑색이 마른 뒤에 본격적으로 색을 올리면 더 깨끗하고 맑은 색감을 얻을 수 있어요.

4. 색 겹쳐 칠하기

수채화 물감은 건조가 빠르므로, 한 번 칠하고 마르면 위에 다른 색을 다시 칠할 수 있습니다. 여러 색을 겹쳐 칠해서 독특한 색 조합과 느낌을 만들어 보세요.

5. 붓 세척하기

색을 바꿀 때마다 붓을 깨끗한 물에 충분히 헹구고 물기를 가볍게 털어주는 것이 좋아요. 붓에 남아 있는 색이 다른 색과 섞여 탁해지는 것을 막을 수 있습니다. 색이 맑게 유지되도록 세척용 물을 자주 갈아주는 것도 중요합니다.

🎨 수채화 물감 활용 팁

소금 기법
물감이 종이 위에서 약간 덜 말랐을 때 굵은소금을 살짝 뿌려 보세요. 소금이 물을 흡수하면서 주변의 색을 밀어내, 마치 별무늬나 얼룩무늬 같은 독특한 효과가 만들 수 있어요. 또, 완전히 마르기 전에 소금을 사용하면 눈이 내린 듯한 질감이나 얼음 결정 같은 효과를 줄 수 있어요.

비닐(랩) 기법
물감이 마르기 전에 투명 랩(비닐)을 살짝 구겨서 덮어 보세요. 물감이 마르면서 랩 주름을 따라 군데군데 색이 고여서 지도 모양처럼 불규칙하고 멋진 무늬가 만들어집니다. 강한 색 대비나 배경 표현에 활용하면 개성 있는 작품이 완성됩니다.

뿌리기 기법
물감에 물을 많이 섞어서 붓에 묻힌 뒤, 붓을 튕기거나 손가락으로 톡톡 두드려 종이에 물감을 뿌려 보세요. 물방울이 튀면서 신나는 느낌을 줄 수 있어요. 여러 색을 겹쳐서 뿌리면 화려한 표현을 할 수 있어요.

테이핑 기법
그림을 그리기 전에 종이 위에 원하는 모양대로 마스킹 테이프를 붙여 두고 물감을 칠해 보세요. 물감이 마르고 나서 테이프를 조심스럽게 떼어 내면, 떼어 낸 부분만 하얀 종이가 남아 깔끔한 도형이나 선을 표현할 수 있어요.

스펀지 기법
부드러운 스펀지나 수세미에 물감을 살짝 묻힌 뒤, 종이에 톡톡 두드려 보세요. 붓과는 다른 느낌으로 표현할 수 있어요. 여러 번 겹쳐서 해 보면 알록달록하고 폭신한 느낌을 표현할 수 있어요. 구름과 같은 것들을 표현할 때 사용하면 재미있고 자연스럽게 이미지를 만들어 낼 수 있어요.

🎨 수채화 물감 사용 시 주의 사항

옷이나 주변에 묻을 수 있어요
물감이 쉽게 흘러내리므로 작업할 때는 종이나 방수 매트를 꼭 깔아 주세요. 또 물감에 따라 잘 지워지지 않을 수 있으니 옷에 묻지 않도록 주의해야 합니다.

물감 섞기 조절
물을 너무 많이 섞으면 종이가 젖고 색이 흐려질 수 있으니, 물감 농도를 적절히 조절해야 합니다.

붓 관리
사용하고 나면 깨끗이 씻어 말려야 붓을 오래 사용할 수 있어요.

안전하게 사용하기
물감을 먹거나 눈에 들어가지 않도록 주의하고, 사용한 뒤에는 손을 깨끗이 씻습니다.

작업 환경 정리하기
물감 사용 전후로 작업 공간을 정리하는 것이 좋아요. 팔꿈치나 손이 닿아도 쓰러지지 않게 물통과 팔레트를 안정된 위치에 두세요.

물감 보관하기
사용한 물감은 뚜껑을 꼭 닫아 건조를 방지하고 직사광선을 피해 서늘한 곳에 보관하세요. 튜브형 물감은 입구 주변을 깨끗이 닦아두면 다음 사용 시 훨씬 편리합니다.

미대엄마의 명화 Pick! 모네, <수련>

Claude Monet, Water Lilies and Japanese Bridge

🍃 명화 감상하기

클로드 모네, <수련>, 1899

프랑스 화가 모네는 자기 집 정원에 있는 연못을 아주 좋아했어요. 그래서 연못에 핀 수련꽃을 보면서 많은 그림을 그렸답니다. 이 작품들은 〈수련〉 시리즈라고 불러요.

모네는 아침, 낮, 저녁 시간이 바뀔 때마다 달라지는 연못의 모습이 참 신기했어요. 그래서 하늘빛, 햇빛, 그림자, 물 위에 비친 모습까지 꼼꼼히 관찰해서 그림으로 남겼어요. 가까이에서 보면 작은 붓 터치들이 보이지만 멀리서 보면 물 위에 수련꽃이 둥둥 떠 있는 것처럼 보이지 않나요?

모네는 실내가 아니라 야외에서 직접 연못을 보며 그림을 그렸어요. 햇살이 비칠 때와 해가 질 때, 또 흐린 날의 연못은 전혀 다른 모습이었기 때문에 모네는 그것을 모두 그림에 담고 싶어 했지요. 그래서 수백 장이 넘는 수련 그림을 남겼어요.

사실 모네는 나이가 들어서는 병으로 눈이 잘 보이지 않았지만 끝까지 그림을 그렸어요. 그래서 모네의 수련 그림을 보면 물과 꽃과 하늘이 하나로 섞여 있는 듯한 마법 같은 느낌을 받을 수 있어요.

모네가 그린 수련 그림을 보면 마치 우리가 연못 앞에 서서 꽃과 빛을 함께 바라보는 기분이 들어요. 그래서 사람들은 지금도 이 작품을 보며 감동을 느낀답니다.

아이와 함께 감상하기 Tip

1. 수련 연못 관찰하기
수련은 연못 위에서 어떻게 떠 있을까? 물에 비친 하늘은 어떤 색일까?

2. 색과 빛에 주목하기
아침 햇살과 저녁노을을 받을 때 연못의 색은 어떻게 달라질까?

3. 물결과 반사에 대해 생각해 보기
모네의 그림 속 물결 같은 풍경을 실제로 본 적이 있니?

4. 수련에 담긴 이야기 만들어 보기
이 수련들에게 이름을 지어 준다면 뭐로 해줄까? 수련이 말한다면 무슨 말을 할 것 같아?

5. 모네의 연작을 찾아보며 빛의 시간대 유추해 보기
이 그림은 오전, 오후, 저녁 중 어떤 시간대에 그린 그림 같아?

✦ 추천 미술 놀이

수채화 표현 기법 - 테이핑 & 비닐

이번 활동에서는 모네처럼 수채화를 사용해 여러 가지 재미있는 표현 방법을 배워요. 물감이 번지면서 만들어지는 투명한 느낌, 색을 섞을 때 생기는 질감, 그리고 테이프를 이용해 모양을 나누는 방법까지 한 번에 경험할 수 있어요. 자유롭게 그리고 느낀 대로 표현하면서 그림에 자신감을 가질 수 있답니다.

 **준비물**
도화지, 수채화 물감, 붓, 팔레트, 마스킹 테이프, 랩

🎨 놀이과정

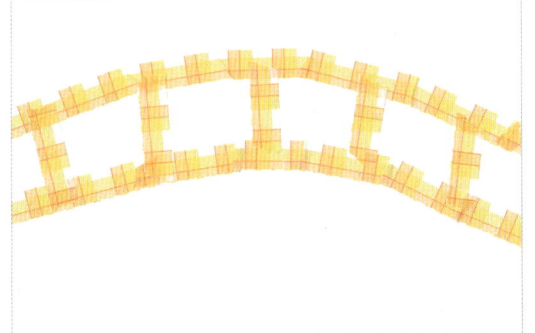

1. 마스킹 테이프 붙이기
마스킹 테이프를 다리 모양으로 붙입니다. 테이프는 수채 물감의 색이 번지지 않도록 보호하는 역할을 해요.

2. 연못 배경 칠하기
도화지를 물로 촉촉하게 적신 뒤, 그 위에 물감을 번지듯 칠해요. 색들이 자연스럽게 섞이며 물결 같은 표현이 만들어집니다.

3. 비닐 랩 질감 표현하기
물감이 마르기 전에 그림의 연못 부분에 랩을 구겨 덮고, 손으로 눌러 보세요. 빛의 반사나 수련 옆 물결처럼 특별한 무늬를 표현할 수 있어요.

4. 물감이 완전히 마른 후 마스킹 테이프를 조심스럽게 제거해 완성합니다. 완성된 작품을 보면서 "이 모양은 무엇을 닮았을까?" 하고 이야기해 보세요. 아이의 상상력과 관찰력이 자연스럽게 자라납니다.

🟪 놀이 Tip
- 랩 대신 소금 뿌리기, 티슈 찍기 등 다른 방법으로도 재미있게 표현할 수 있어요.
- 마지막에 흰색 색연필 또는 아크릴 물감으로 찍어서 표현해도 좋아요.
- 배경에 구름이나 연꽃잎을 더 추가해도 창의적인 활동이 됩니다.

미대엄마의 명화 Pick!	**잭슨 폴록, <무제>**
	Jackson Pollock, Untitled

🟢 명화 감상하기

잭슨 폴록, <무제>, 1948~1949

잭슨 폴록은 미국을 대표하는 화가 중 한 사람이에요. 그런데 다른 화가들처럼 사람이나 풍경을 실제와 똑같이 그리지 않고, 아주 특별한 방법으로 그림을 그렸어요. 바로 물감을 뿌리거나 흘리면서 만든 그림이죠. 이런 방식을 '액션 페인팅(Action Painting)'이라고 불러요.

잭슨 폴록의 작품을 보면 마치 춤을 추는 것처럼 선과 색이 여기저기 흩어져 있어요. 캔버스 위에 물감을 뿌리고 튀기면서 화가의 몸 움직임이 그대로 남은 거예요. 그래서 그림을 처음 보면 "이게 뭐지?" 싶을 수 있지만, 자세히 보면 색깔들이 부딪히고 섞이면서 특별한 무늬를 만들고 있다는 걸 알 수 있어요.

폴록은 그림 속에서 '무엇을 그렸다'고 딱 정하지 않았어요. 그래서 그림을 보는 사람마다 자유롭게 상상할 수 있어요. 어떤 사람은 별이 가득한 하늘 같다고 하고, 또 어떤 사람은 춤추는 동물의 발자국 같다고 느낄 수 있지요.

잭슨 폴록은 '그림을 그리는 과정 자체가 이미 예술이다'라고 생각했어요. 그래서 작품에 제목을 붙이지 않는 경우도 많아요. 제목이 없으니 보는 사람이 더 많은 상상을 할 수 있었던 거죠.

여러분도 그림을 볼 때 "이 물감 자국은 어떻게 생겼을까?", "내가 직접 물감을 뿌린다면 어떤 모습일까?" 하고 상상해 보세요. 그러면 그림이 훨씬 더 재미있게 다가올 거예요. 잭슨 폴록은 이렇게 우리에게 자유롭게 표현하는 즐거움을 알려주었답니다.

아이와 함께 감상하기 Tip

1. 무엇이 보이는지 자유롭게 상상해 보기
그림에서 보이는 것이 있니?

2. 물감이 흘러간 길 찾아보기
이 물감 줄기는 어디서 시작된 것 같아? 색이 겹친 부분에서는 어떤 느낌이 드니?

3. 화가의 움직임 상상하고, 몸으로 직접 표현해 보기
만약 화가가 이 그림을 그릴 때 춤을 췄다면, 어떤 춤을 췄을까?

4. 느낌과 감정 표현하기
이 그림은 기분을 어떻게 만들었니? 만약 소리로 표현한다면 어떤 음악이 어울릴까?

5. 제목 지어보기
이 그림은 제목이 없는데 우리가 제목을 지어볼까?

✦ 추천 미술 놀이

수채화 표현 기법 – 뿌리기

잭슨 폴록의 뿌리기 기법을 직접 체험하며 몸의 움직임을 느끼고 감정을 자유롭게 표현할 수 있습니다. 완성된 그림보다 만드는 과정을 더 소중히 여기면서, 아이들이 상상력과 표현력을 마음껏 펼치고 해방감을 느낄 수 있어요.

 **준비물**
도화지, 수채화 물감, 붓, 팔레트, 물, 테이블 커버

놀이과정

1. 준비하기
작업할 자리를 테이블 커버나 신문지로 덮어 보호해 주세요. 도화지를 테이블에 잘 고정하면 좋아요. 아이에게 "이건 그림을 그리는 게 아니라, 몸을 움직이면서 색을 뿌리는 놀이야"라고 설명해 주세요. 상자를 활용해 도화지를 안에 두고 물감을 뿌리면 활동 공간을 더 깔끔하게 정리할 수 있어요.

2. 액션 페인팅
붓으로 물감을 뿌리고, 튕기고, 떨어뜨리는 등 자유롭게 움직이며 화면을 채워보세요. 점, 선, 번짐이 자연스럽게 생기도록 해도 좋고, 손을 흔들거나 몸을 크게 움직여 보아도 재미있어요.

3.
완성 후 작품을 보며 "이건 뭐처럼 보여?", "어떤 기분일 때 이런 선이 나왔을까?"라고 질문하며 감정 표현을 끌어낸 후 아이가 직접 제목을 붙여 보게 해주세요.

놀이 Tip

- 미술에는 '정답'이 없다는 점을 꼭 알려주세요.
- 색이 튀고 섞일 때 예상치 못한 재미가 생겨요.
- 아이가 신나게 움직일수록 물감이 표현하는 에너지도 커져요.
- "선을 잘 그려야 해"가 아니라 "몸을 써서 표현하는 거야"라고 알려주면 부담 없이 참여할 수 있어요.

종이에 따라 달라지는 수채화 느낌

수채화를 그릴 때는 물감만큼이나 종이도 아주 중요해요. 종이마다 물을 머금고 퍼지는 방식이 달라서 그림이 다르게 보여요. 대표적으로 핫 프레스(Hot Press), 콜드 프레스(Cold Press), 러프(Rough) 세 가지 종이가 자주 쓰여요. 물감을 어떻게 쓰는지도 중요하지만 종이를 고르는 순간부터 그림의 분위기가 달라질 수 있다는 것이죠. 종이마다 물이 퍼지는 속도나 번짐이 다르기 때문에 같은 색을 써도 느낌이 달라져요. 여러 종류의 종이를 직접 써보고 나에게 잘 맞는 종이를 찾아보세요.

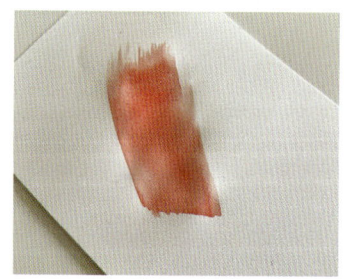

1. 핫 프레스(Hot Press)
- **표면 특징** : 매끈하고 고운 질감. 세밀한 그림이나 얇은 선을 그릴 때 적합해요.
- **표현 효과** : 물감이 잘 스며들지 않아서 번짐이 적고 색이 또렷하게 표현됩니다. 꽃잎이나 인물의 피부 같은 섬세한 표현에 잘 어울려요.
- **장점** : 색이 선명하고 깨끗하게 올라옵니다. 잉크·펜·색연필과 함께 쓰기에도 좋아요.
- **특징** : 물이 천천히 마르기 때문에 작업 시간이 다소 길어질 수 있고 초보자가 다루기 조금 어려울 수 있습니다.

2. 콜드 프레스(Cold Press)
- **표면 특징** : 약간 오돌토돌한 질감. 가장 기본적이고 많이 쓰이는 수채화 종이예요.
- **표현 효과** : 물감이 자연스럽게 번지기 때문에 하늘이나 구름처럼 부드러운 표현부터 인물화·풍경화까지 두루 사용됩니다.
- **장점** : 초보자부터 전문가까지 모두 사용하기 좋고 다양한 표현이 가능합니다.
- **특징** : 핫 프레스보다 흡수성이 높아 색이 자연스럽게 스며듭니다.

3. 러프(Rough)
- **표면 특징** : 가장 거친 질감. 종이에 요철이 많아 물감이 고르게 번지지 않고 독특한 질감 표현이 생깁니다.
- **표현 효과** : 강한 붓 터치나 바위·나무껍질 같은 거친 질감을 표현할 때 탁월해요.
- **장점** : 수채화 특유의 물 번짐과 질감을 극대화할 수 있습니다.
- **특징** : 세 가지 종이 중 흡수력이 가장 커서 물감이 빠르게 스며듭니다.

Gouache

구아슈

Gouache

◆ 구아슈는
◆ 무엇일까요?

구아슈(과슈)는 물과 함께 사용하는 물감입니다. 수채화 물감과 비슷해 보이지만, 불투명하게 칠할 수 있다는 것이 가장 큰 특징이에요. 수채화 물감은 투명해서 아래 그림이나 종이 색이 비치는 반면, 구아슈는 밑색을 덮어 표현할 수 있습니다. 그래서 선명하고 또렷한 표현을 원할 때 특히 유용하죠.

구아슈에는 백색 안료 등의 분말이 섞여 있어 수채화 물감보다는 색이 진하고, 아크릴 물감보다는 광택이 적어 부드러운 느낌을 줍니다. 그림책 일러스트레이션이나 포스터처럼 강렬한 색감이 필요한 작업에 많이 쓰이며, 물의 양을 조절해 색의 채도를 자유롭게 바꿀 수 있어요. 건조 후에도 물을 살짝 덧칠하면 어느 정도 수정이 가능해 아이들의 채색 연습용으로도 좋답니다. 다만 구아슈는 아크릴 물감과 달리 완전히 방수되지는 않아, 마른 뒤에도 물이 닿으면 번질 수 있다는 점을 주의해야 해요. 작품을 오래 보존하고 싶으면 완성한 후 바니시를 발라주는 것이 좋습니다. 정리하면, 구아슈는 수채화보다 선명하고 불투명해 눈에 띄는 그림을 그리기에 적합한 물감이에요. 밑그림을 가리거나 색을 겹쳐 칠하기도 쉽고, 수정도 간편해서 매력적인 재료랍니다!

구아슈 물감의 종류

구아슈 물감은 크게 구아슈, 아크릴 구아슈, 포스터 구아슈(포스터컬러) 등으로 나눌 수 있어요. 종류마다 물감이 마른 뒤의 느낌이나 방수 정도가 달라서, 어떤 그림을 그리고 싶은지에 따라 골라 쓰면 좋습니다. 구아슈 물감도 종류가 다양하기 때문에, 그림에 따라 또는 원하는 작품 스타일에 따라 골라서 사용하세요. 물에 강한 그림을 원하면 아크릴 구아슈, 자유롭게 수정할 수 있는 그림을 그리고 싶다면 수채 구아슈나 포스터컬러를 사용해 보세요. 무엇보다 여러 종류를 직접 써 보면서 자신에게 맞는 구아슈 물감을 찾아보면 더욱 즐겁게 그림을 그릴 수 있답니다.

구아슈
- 색이 선명하고 불투명해서 일러스트레이션이나 디자인 작업에 자주 쓰여요.
- 물감이 마른 뒤에도 물을 묻히면 그림 그린 부분을 다시 수정하기 쉬운 편이라, 세밀한 작업이나 색을 바꾸고 싶은 작업에 좋습니다.

아크릴 구아슈
- 아크릴 물감을 섞은 구아슈라고 생각하면 돼요.
- 마른 뒤에는 물에 잘 녹지 않아 번지지 않고, 표면도 매트(광택이 없는)하게 표현되기 때문에 색이 더 선명하게 남아요.
- 수정하기 어렵지만, 그만큼 작품이 오래 보존되고 내구성이 강해요.

포스터 구아슈
- 색이 진하고 빠르게 칠하기 편합니다.
- 가격이 비교적 저렴하고, 간단한 포스터나 그림 작업에 흔히 활용돼서 '포스터컬러'라고도 불려요.
- 일반 구아슈보다 안료(색을 내는 가루)의 품질이 조금 떨어질 수 있어, 전문적인 작업보다는 연습용이나 간단한 채색에 적합합니다.

구아슈 물감 사용법

1. 재료 준비하기

깨끗한 팔레트, 물통, 붓, 종이(두꺼운 도화지나 수채화지 등), 구아슈 물감을 준비해 주세요. 종이가 너무 얇으면 물감이 번지거나 울 수 있으니 조금 도톰한 종이가 좋습니다.

2. 작업 준비하기

팔레트에 구아슈 물감을 조금 짜세요. 처음부터 너무 많이 짜면 작업 후 남기기 쉬우니 적은 양으로 시작하세요. 이제 물을 살짝 섞어 농도를 조절하면 됩니다. 물을 많이 섞으면 얇고 투명한 표현, 물을 적게 섞으면 진하고 불투명한 발색이 나와요.

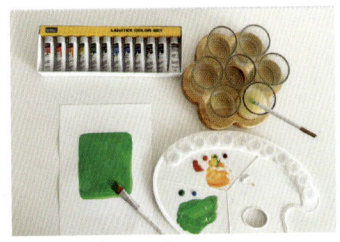

3. 밑칠하기(초벌 작업)

넓은 면을 칠하거나 전체적인 분위기를 먼저 잡고 싶다면 색을 연하게 만들어 밑칠해 보세요. 이때 물을 조금 더 섞어 주면 고르게 칠하기 쉬워요. 밑칠이 마르고 나서 위에 다른 색을 올려도 색이 섞이지 않아서 깔끔한 표현이 가능해요.

4. 색 겹쳐 칠하기

구아슈 물감은 수채화 물감에 비해 불투명도가 높아서, 밑색 위에 다른 색을 올려도 밑색이 잘 보이지 않습니다. 원하는 색을 겹겹이 쌓아서 깊이 있는 효과를 낼 수 있어요. 이런 특징 덕분에 세밀한 묘사나 독특한 질감을 표현할 때 특히 유용합니다.

5. 수정 및 마무리

불투명 구아슈나 포스터컬러는 물을 다시 묻히면 어느 정도 수정이 가능해요. 다만, 물감이 완전히 마르면 수정이 어려우니 작업 중간에 빠르게 손보는 것이 좋아요. 작품을 오래 보존하고 싶다면 평평하고 건조한 곳에서 잘 말린 뒤 바니시를 얇게 덧칠해 주면 색이 더 오래 선명하게 유지됩니다.

🎨 구아슈 물감 활용 팁

구아슈 물감은 색이 선명하고 불투명하게 표현되는 게 특징입니다. 투명한 수채화와는 또 다른 매력이 있어요. 구아슈 물감을 더 재미있게 사용하는 방법에는 무엇이 있을까요? 아래 팁들을 참고하면 더욱 다양한 그림을 그릴 수 있어요!

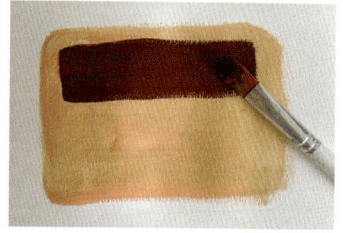

밑색을 깔아 보기
먼저 연한 색으로 밑칠을 해 두고, 그 위에 진한 색으로 그림을 그려 보세요. 구아슈 물감은 불투명도가 높아서 밑에 칠한 색이 잘 비치지 않아요. 색을 겹칠수록 깊이감이 느껴집니다.

꼬불꼬불 선 겹치기
연한 하늘색 위에 선명한 파란색이나 빨간색으로 꼬불꼬불 선을 겹쳐 그려 보세요. 선이 또렷하게 눈에 띄어서 재미있는 패턴이 완성돼요.

사진 위에 그리기
인쇄된 사진 위에 구아슈 물감으로 그림을 그려 보면, 평범한 사진도 예술 작품처럼 변신할 수 있어요. 사진 속 인물에게 왕관을 씌우거나, 풍경 속에 상상 속 동물들을 그려 넣어 보면 재미있는 표현을 할 수 있답니다.

질감 표현하기
구아슈는 덧칠할 때 두께를 조절하기 좋습니다. 붓에 물감을 듬뿍 묻혀 두껍게 올리면 거칠고 입체적인 질감이 생기고, 물을 많이 섞어 묽게 바르면 부드럽고 투명한 느낌을 낼 수 있어요. 또, 같은 색이라도 바르는 방법에 따라 질감이 달라져서 그림에 다양한 분위기를 줄 수 있습니다.

스탬프 놀이하기
스펀지나 지우개, 단단한 잎사귀 같은 것에 구아슈 물감을 묻힌 뒤 종이에 찍어 보세요. 반복해서 찍으면 재미있는 패턴이 만들어지기 때문에 배경이나 장식으로 활용할 수 있습니다. 아이들이 놀이처럼 즐기면서 창의적인 표현을 연습하기 좋아요.

💧 구아슈 물감 사용 시 주의 사항

마르기 전에는 조심하세요
구아슈 물감은 물을 섞어 쓰기 때문에, 그림이 덜 말랐을 때 손이나 다른 물건이 닿으면 번지기 쉬워요. 작업 중에도 조심하고, 완전히 다 마를 때까지 만지지 마세요.

수정할 수 있지만, 너무 자주 하면 안 좋아요
구아슈는 덧칠로 밑색을 가릴 수 있어 편리하지만, 덧칠을 너무 많이 하면 종이가 일어나거나 물감층이 두꺼워져 갈라지기도 쉬워요.

물에 약해요
아크릴 구아슈가 아닌 일반 구아슈나 포스터컬러는 다 말라도 물에 닿으면 번지거나 녹을 수 있어요. 그림을 오래 보관하려면 코팅이나 스프레이 바니시를 뿌려 두는 것이 좋아요.

붓 관리는 필수입니다
색을 바꿀 때마다 붓을 깨끗이 헹구고, 다 사용하면 물감이 굳기 전에 꼭 바로 씻어 말려 주세요. 붓에 물감이 굳으면 다시 쓰기 어렵습니다.

안전하게 사용해요
물감을 먹으면 절대 안 됩니다. 또, 눈에 들어가지 않도록 조심해야 해요. 어린이는 꼭 어른과 함께 사용하고, 사용 후에는 손도 깨끗이 씻어야 합니다.

루이스 웨인, <바이올린 연주자>
미대엄마의 명화 Pick!
Louis Wain, The Fiddler

🌱 명화 감상하기

루이스 웨인, <바이올린 연주자>, 1886(추정)

루이스 웨인은 고양이를 통해 사랑과 상상력을 그려낸 영국 출신 화가예요. 그는 어릴 때부터 그림을 잘 그렸고, 커서는 잡지나 책에 실리는 삽화를 주로 그리는 일러스트레이터로 일했어요. 하지만 그를 특별한 화가로 만든 건 바로 고양이 그림이었습니다.

루이스 웨인은 결혼 후 아내가 병에 걸리자, 슬퍼하는 아내를 웃게 해주고 싶어서 고양이 그림을 그리기 시작했어요. 그 첫 작품의 주인공이 바로 '피터'라는 이름의 고양이예요. 피터는 부부가 함께 키우던 사랑스러운 고양이였고 아내에게 언제나 큰 위로가 되었답니다.

루이스 웨인이 그린 그림은 단순한 동물 그림이 아니었어요. 사람처럼 웃고 악기를 연주하고 옷을 입는 상상을 더해 고양이 세상 속의 이야기를 그려냈어요. 사람들은 그의 그림을 보며 위로받고 웃음 지었지요. 그래서 루이스 웨인은 '고양이 화가'라고 불리게 되었답니다. 귀여운 고양이 그림을 보면서 재미있는 이야기를 나눠 보세요!

아이와 함께 감상하기 Tip

1. 고양이 표정 따라 해보기
바이올린을 연주하는 고양이의 표정은 어때 보여?

2. 고양이들의 역할 나눠 보기
음악을 듣고 있는 고양이들은 서로 어떤 사이일까? 이야기를 만들어 볼까?

3. 소리 상상하기
고양이가 켜는 바이올린 소리는 어떤 느낌일까? 빠르고 신날까? 느리고 부드러울까?

4. 무늬와 색깔 탐험하기
고양이 털 무늬가 다 다른 것 같아. 어느 고양이가 가장 예쁘다고 느껴져?
배경 무늬나 커튼, 창문, 바닥에 어떤 색깔이 쓰였는지 찾아보자.

5. 그림 속 느낌 말해 보기
이 그림을 보면 기분이 어때? 따뜻해? 신나?
왜 그런 느낌이 들었는지 말해 볼 수 있을까?

✦ 추천 미술 놀이 ●

구아슈로 표현하는 동물 의인화

영국의 화가 루이스 웨인은 고양이를 의인화하여 음악을 연주하거나 파티를 즐기는 장면을 많이 그렸어요. 이번 활동에서는 아이가 즐거웠던 순간을 떠올리고, 그 장면을 동물로 변형해 표현해 봅니다. 구아슈 특유의 불투명하고 선명한 색감으로 이야기를 더욱 생생하게 전달할 수 있어요. 또, 반복되는 덧칠과 색의 겹침을 통해 회화적 감각을 기르고 상상의 세계를 표현해 볼 수 있습니다.

 **준비물**
종이 or 캔버스(그램 수가 높을수록 좋음), 사진, 구아슈, 붓, 연필, 팔레트

놀이과정

1 스케치하기
아이가 즐거웠던 장면을 떠올려 봅니다. 그 상황 속 인물을 고양이나 강아지 등 동물로 바꿔 살살 스케치해 봅니다. 연필 선은 너무 진하지 않게 그리는 것이 좋아요.

2 밑색 깔아주기
배경부터 칠합니다. 하늘, 고양이의 털, 옷 등을 넓은 붓을 사용해 알맞은 색으로 고르게 깔아줍니다.

3 겹쳐 바르며 묘사하기
동물의 옷, 표정, 털 등을 세밀하게 덧칠하며 표현합니다. 구아슈는 덧칠이 잘 되므로 색을 겹겹이 쌓아 올리며 디테일을 살려 주세요.

4 완성하기
작은 소품이나 배경 장식을 더해 완성합니다.
완성된 그림을 감상하며 이 장면의 기억과 기분에 대해 이야기를 나누어 보세요. 단순히 작품 감상이 아니라, 그림을 통해서 자기 경험을 다시 표현하고 되돌아보는 과정이 됩니다.

놀이 Tip

- 구아슈는 색을 겹쳐 칠할수록 깊은 느낌이 나므로 밝은색→진한 색 순서로 올리면 좋아요.
- 아이가 떠올린 즐거운 경험(놀이공원, 공연, 가족 식사 등)을 동물 캐릭터로 변형하면서 상상력이 더욱 풍부해져요.
- 완성 후 제목을 붙이거나 짧은 글을 더하면 하나의 동화책 장면처럼 꾸밀 수 있습니다.
- 계절이나 테마(봄의 산책, 여름의 캠핑, 겨울의 연주회 등)에 맞춰 활동을 응용해도 좋아요.

미대엄마의 명화 Pick! 파울 클레, <성과 태양>
Paul Klee, Castle and Sun

🎨 명화 감상하기

파울 클레, <성과 태양>, 1928

스위스 출신 화가 파울 클레는 밝은 색채와 기하학적인 도형을 활용해 재미있는 작품을 많이 남겼습니다. 1928년에 그린 <성과 태양>에서도 그의 이런 특징을 잘 찾아볼 수 있어요. 여러 가지 도형이 층층이 쌓여 마치 성을 연상케 하는 이 작품은 도형마다 서로 다른 색으로 채워 전체적으로 화려하고 경쾌한 분위기를 자아냅니다. 화면 오른쪽 위에는 태양을 닮은 둥근 형태가 자리 잡고 있어 마치 신비로운 세계를 들여다보는 듯한 느낌을 줍니다.

파울 클레는 새로운 표현 기법을 탐구하면서 어린이의 그림에서 볼 법한 자유로운 표현 방식을 즐겨 사용했어요. <성과 태양>에서도 사실적 묘사 대신 밝은 색채와 단순한 도형으로 동화 같은 분위기를 표현했습니다. 멀리서 보면 웅장한 성 같지만, 가까이에서 들여다보면 퍼즐 조각을 맞춰놓은 듯한 재미있는 구성을 발견할 수 있죠.

이 작품을 감상할 때는 "이 모양들은 어떤 느낌을 주는지", "내가 이 성안에 들어간다면 어떤 모습일지" 같은 질문을 떠올리며 상상해 보세요. 선명한 색이 서로 어우러진 모습에서 색채가 주는 에너지와 즐거움을 느낄 수 있을 거예요. 색과 형태로 이야기를 들려주는 화가의 솜씨를 천천히 음미해 보는 것은 어떨까요?

아이와 함께 감상하기 Tip

1. 색과 모양 관찰하기
어떤 색깔이 가장 많이 보이니?
네모, 세모, 동그라미 중에 어떤 모양이 가장 눈에 띄니?

2. 이야기 상상하기
만약 저 성안에 들어간다면, 성안에는 어떤 방들이 있을까?

3. 다른 그림과 비교해 보기
다른 동화책이나 영화에서 본 성과 이 그림은 무엇이 다르니?

4. '비밀의 문' 찾기
이 그림을 살펴봐. 혹시 숨겨진 문이 어디 있을 것 같니?
만약 이 문으로 들어가면 어떤 일이 펼쳐질까?

5. 완전히 다른 세계로 바꿔 보기
만약 성 대신 커다란 나무나 공원처럼 전혀 다른 건물을 만든다면, 어떤 색과 모양으로 만들고 싶니?

✸ 추천 미술 놀이 ●
기하학적 추상화 그려보기

파울 클레의 색 사용과 구조적인 리듬을 블록 도장 찍기로 경험할 수 있어요. 반복되는 형태와 다양한 색의 대비가 어우러지면서 독특한 조화를 만들어 냅니다. 아이들은 이 활동을 통해 구성력과 창의적 감각을 키우고, 직접 선택하고 배치하며 '나만의 성'을 쌓아 올리는 즐거움을 경험하게 됩니다.

 **준비물**
블록, 구아슈, 도화지, 팔레트, 붓, 스펀지

🎨 놀이과정

1. 관찰 및 준비하기
파울 클레의 <성과 태양>을 함께 감상하며 어떤 도형이 보이는지, 어떤 느낌이 드는지 이야기 나눠요. 준비한 블록들도 함께 관찰해 봅니다.

2. 색 만들어 도장에 칠하기
구아슈로 원하는 색을 만들어 붓을 사용해 블록의 한 면에 얇게 펴 바릅니다.

3. 블록 찍기
블록을 도장 찍듯 도화지에 꾹 눌러 줍니다. 한 색을 여러 번 찍어도 좋고, 색을 섞어서 찍어도 좋아요. 직사각형, 원, 반원 등 다양한 모양을 층층이 쌓으며 성처럼 표현할 수 있어요.

4. 완성된 그림을 보며 이야기를 나누어 보세요. 도형 하나하나에 이야기를 담아보며, 아이의 생각이 '형태를 넘는 상상'으로 확장되는 과정을 함께 즐겨보세요.

🎨 놀이 Tip

⇒ 색 대비(짙은 배경+밝은 무늬, 따뜻한 색+차가운 색)를 강조하면, 파울 클레 특유의 색 리듬을 더 잘 표현할 수 있어요.
⇒ 블록 면에 따라 결과가 달라지므로 실험처럼 자유롭게 찍어보도록 유도해 보세요.
⇒ 활동 전 블록을 종이에 대보고 스케치한 뒤 진행해도 좋아요.

재료별 표현 방법과 보관법

1. 두꺼운 종이(수채화지, 카드지 등)
가장 쉽게 구할 수 있고 다루기 편한 재료입니다. 300gsm 정도의 두꺼운 종이를 사용하면 물을 많이 섞어 써도 종이가 잘 울지 않아 안정적으로 작업할 수 있어요.
· **장점** : 색감이 선명하게 표현되고 붓 터치가 뚜렷하게 살아나요.
· **주의점** : 물을 너무 많이 섞으면 종이가 울 수 있으니 농도 조절이 필요해요. 종이 가장자리를 마스킹테이프로 고정하면 더 안정적입니다.

2. 나무(우드 패널, 나무 조각 등)
나무 특유의 질감이 작품에 독특한 느낌을 더해줍니다.
나무를 사포로 매끄럽게 다듬은 뒤 프라이머를 발라두면 물감이 잘 스며들어요.
· **장점** : 자연스러운 나뭇결을 살릴 수 있고 색상이 또렷하게 표현됩니다.
· **주의점** : 물을 많이 사용하면 나무가 뒤틀릴 수 있어요.

3. 캔버스
아크릴 작업에 가장 많이 쓰이는 재료죠. 미리 젯소 처리된 캔버스를 사용하면 물감이 고르게 스며들고 색이 선명하게 올라옵니다.
· **장점** : 완성 후 오래 보관하기 좋고, 전시용으로도 손색없습니다.
· **주의점** : 완성된 그림에 물이 닿지 않도록 조심하세요.

4. 플라스틱/유리
아크릴 구아슈를 사용하면 다 마른 후에도 잘 번지거나 벗겨지지 않아요.
작업하기 전, 알코올로 표면을 닦아 기름기와 먼지를 제거해 주세요.
· **장점** : 투명하거나 반짝이는 표면이라 색감이 더욱 돋보여요.
· **주의점** : 충격에 쉽게 갈라질 수 있으니 보관에 주의하세요.

5. 천(패브릭)
수채 구아슈는 마른 후에도 물에 닿으면 번질 수 있어 아크릴 구아슈를 추천합니다.
· **장점** : 생활 소품에 활용 가능해 실용적입니다.
· **주의점** : 오래 사용하려면 방수 처리를 해주는 것이 좋아요.

구아슈 보관법

1. 물감 보관하기
- **튜브형** : 사용 후 반드시 뚜껑을 꽉 닫아 공기가 들어가지 않도록 하세요. 장기간 사용하지 않을 계획이라면 뚜껑에 굳은 물감이 안 묻었는지 확인하는 것이 좋아요.
- **병/단지형** : 사용 후에는 뚜껑을 단단히 닫고 입구 주변의 물감을 깨끗이 닦아두세요. 이렇게 하면 뚜껑이 굳어 열리지 않는 문제를 예방할 수 있습니다.

2. 작품 보관하기
- **습기 주의** : 습한 장소나 물기가 닿을 위험이 있는 곳은 피하세요.
- **코팅/바니시** : 작품을 오래 보존하고 싶다면 전용 스프레이나 바니시를 가볍게 뿌려주세요. (아크릴 구아슈는 물에 잘 녹지 않아 코팅 없이도 상대적으로 보관하기가 쉽습니다.)
- **빛/열 관리** : 강한 햇빛이나 열은 색이 바래게 만들 수 있습니다. 서늘하고 직사광선을 피할 수 있는 장소에 두는 것이 좋아요.

3. 온습도 관리
- 물감이 변질되지 않도록 적정한 실내 온도와 중간 정도의 습도를 유지하세요.
- 습도가 너무 높으면 곰팡이가 생길 수 있고, 너무 건조하면 튜브 속 물감이 빨리 굳어버릴 수 있답니다.

Ink Stick

 Ink Stick

 **먹**은 무엇일까요?

먹은 먼 조상님부터 써온 특별한 잉크예요! 겉보기엔 그냥 검은 막대기 같지만 탄소 가루와 접착제를 섞어서 만들어요. 마치 연필심을 동그랗게 말아 놓은 것처럼 생각하면 쉬워요. 요즘은 간편하게 물에 갈아 나온 먹물을 주로 사용해요.

그럼, 시판 먹물이 아니라 먹으로 그림을 그리려면 어떻게 해야 할까요? 먼저 벼루라는 특별한 돌 그릇에 물을 조금 붓고, 물에 먹을 대고 살살 문질러요. 그러면 마법처럼 멋진 먹물이 만들어지죠. 재미있는 건 물의 양에 따라 먹색이 달라진다는 거예요. 물을 많이 넣으면 연한 회색이 되고, 적게 넣으면 까만색이 됩니다. 마치 물감을 섞는 것처럼 신기하지 않나요?

이렇게 만든 먹물로 그린 그림은 정말 오래오래 보관할 수 있어요. 햇빛에 색이 바래지도 않거든요. 하지만 먹에 힘을 너무 세게 쥐고 갈면 벼루가 상할 수 있으니 천천히 갈아주세요. 또, 옷에 먹물이 묻지 않게 조심해야 해요. 다른 물감과는 달리 먹의 검은 얼룩은 절대 지워지지 않거든요!

물의 양을 조절해 가며 여러 가지 색깔을 만들어 보세요. 연한 회색부터 짙은 검정까지, 마치 마법사가 된 것처럼 멋진 색을 만들 수 있을 거예요. 우리 조상들은 이렇게 멋진 먹으로 수천 년 동안 아름다운 그림을 그려왔답니다! 여러분도 먹으로 나만의 멋진 작품을 만들어 보고 싶지 않나요? 우리 전통 문화 속에 이렇게 신기하고 재미있는 도구가 숨어 있다니, 정말 놀랍죠?

🔵 먹의 종류

보통 우리가 쓰는 먹은 크게 두 가지 종류가 있어요. 바로 '송연묵'과 '유연묵'**입니다**. 그림을 그릴 때는 이 두 가지 먹을 용도에 맞게 골라 쓰면 됩니다. 산뜻하고 맑은 느낌을 주고 싶을 때는 송연묵을, 깊고 진한 색감으로 힘 있게 표현하고 싶을 때는 유연묵을 써요.

송연묵

송연묵은 소나무를 태워서 나온 그을음으로 만든 먹이에요. 소나무 연기가 하늘로 올라갈 때 그을음을 모아서 만들기 때문에 '송연(松煙)'이라고 이름이 붙었죠. 이렇게 만든 먹의 색은 약간 푸르스름한 검정을 띠고, 은은하면서도 깔끔한 느낌을 줍니다.

유연묵

유연묵은 기름을 태워서 나온 그을음으로 만든 먹이에요. '유연(油煙)'이란 말은 기름 연기라는 뜻이랍니다. 주로 들기름이나 동물성 기름을 태워서 만드는데, 송연묵보다 더 짙은 검정을 내고 표면에 윤기가 나요.

🌣 먹의 사용법

요즘은 대부분 바로 쓸 수 있는 먹물을 사용하지만, 전통 방식으로 그림을 그리려면 우리가 직접 먹을 갈아야 더 좋아요. 먹물을 어떻게 만드는지 궁금하지 않나요?

1. 벼루 준비하기
- 벼루는 먹물을 만드는 특별한 그릇이에요.
- 돌로 만들어져서 단단합니다.

2. 물 붓기
- 벼루에 물을 조금만 부어주세요.
- 물을 너무 많이 부으면 먹물이 너무 연해져요.

3. 먹 갈기
- 먹을 벼루 위에 대고 동그라미를 그리듯 살살 문질러요.
- 점점 검은 먹물이 생기기 시작할 거예요.

4. 농도 확인하기
- 붓으로 먹물을 묻혀 종이에 살짝 찍어보세요.
- 색이 너무 진하면 물을 조금 더 넣고, 너무 연하면 먹을 좀 더 갈아주면 됩니다.

미대엄마의 명화 미술 놀이

🌿 먹 활용 팁

- 먹을 갈 때 섞는 물의 양을 조금씩 조절하면서 연한 회색부터 진한 검정까지 농도를 다양하게 만들어 보세요.
- 붓을 빨리 움직이면 힘찬 선이, 천천히 움직이면 부드러운 선이 그려져요. 붓질의 속도와 힘을 조절하며 다양한 선을 표현해 보세요.
- 세밀 붓, 수채화 붓, 납작붓, 거친 붓 등 붓을 여러 가지로 사용하면 가늘고 고운 선부터 굵고 힘찬 선까지 다채롭게 표현할 수 있어요.
- 먹이 마르기 전에 그리면 부드럽게 번지고, 마른 후에 그리면 뚜렷하고 날카로운 느낌을 만들 수 있어요.

🌿 먹 사용 시 주의 사항

벼루 사용하기
- 벼루는 먹을 갈 때 사용하는 도구예요.
- 먹을 갈 때는 비누처럼 부드럽게 갈아주세요. 너무 세게 문지르면 벼루가 상할 수 있어요.
- 벼루를 들고 옮길 때는 반드시 양손으로 조심스럽게 들어주세요.
- 떨어뜨리면 깨질 수 있으니 항상 주의해 주세요.

먹물 관리하기
- 먹물은 옷에 묻으면 잘 지워지지 않아요.
- 작업할 때는 앞치마나 오염돼도 괜찮은 옷을 입는 것이 좋아요.
- 바닥에는 신문지나 모포를 깔아두면 더 좋아요.
- 사용한 후에는 비누로 손을 깨끗이 씻어 주세요.

먹 보관하기
- 먹을 다 사용한 후에는 잘 말려서 서늘한 곳에 보관해 주세요.
- 먹은 절대 입에 넣거나 핥지 마세요.
- 어린이는 꼭 어른과 함께 사용하세요.

화선지와 먹을 사용한 미술 활동

화선지는 우리의 전통 한지 중에서도 특별한 매력을 가진 종이입니다. 먹물이 스며드는 순간의 은은하고 부드러운 번짐은 어떤 종이에서도 찾아볼 수 없는 독특한 아름다움을 만들어 내죠. 전통 수묵화뿐 아니라 현대적인 미술 활동에도 다양하게 활용할 수 있어 아이들에게도 색다른 창작 경험을 선사합니다. 화선지와 먹은 미술 재료를 넘어 아이들에게 전통과 현대를 잇는 징검다리가 되어줄 거예요.

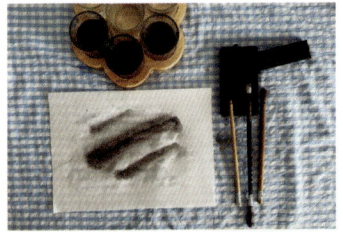

1. 번짐 놀이 수묵화
준비물 : 화선지, 벼루와 먹(또는 먹물), 붓, 물통
활동 방법 : 화선지에 물만 먼저 칠하거나, 붓에 먹물을 듬뿍 묻혀 찍으면 자연스럽게 번지며 독특한 무늬가 생겨요. 이 무늬를 따라 꽃이나 동물 모양을 상상해 그려 보면 수묵화가 됩니다. "어디까지 번질까?"를 예측하는 것만으로도 즐거운 활동이 됩니다.

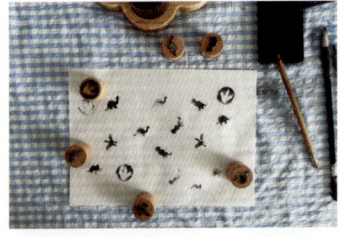

2. 나만의 문양 만들기
준비물 : 화선지, 먹, 붓(또는 면봉), 간단한 스탬프나 도장
활동 방법 : 붓에 먹을 묻혀 도장 면에 바른 후 화선지에 꾹 찍어보세요. 단순한 모양이 반복되면서 리듬감 있는 무늬가 생기고 독창적인 패턴이 되어 하나의 작품으로 완성됩니다.

3. 먹물 번짐으로 배경 꾸미기
준비물 : 화선지, 먹(연하거나 진하게 번갈아 사용), 물 스프레이
활동 방법 : 화선지에 물을 가볍게 뿌리고 나서 먹물을 떨어뜨리면, 자연스럽게 번져 나가는 배경이 완성됩니다. 화선지에 배경을 만들고, 그 배경을 도화지에 붙인 뒤 다른 그림들을 콜라주 해도 좋아요.

김홍도, <서당>

미대엄마의 명화 Pick!

金弘道, 書堂

🔵 명화 감상하기

김홍도, <서당>, 1780년경

조선 시대를 대표하는 화가 김홍도의 풍속화 중에서도 <서당>은 매우 특별한 의미를 지닌 작품입니다. 마치 타임머신을 타고 옛날 학교에 들어간 것처럼, 조선 시대 아이들의 모습을 생생하게 만날 수 있기 때문이죠. 김홍도는 붓과 먹이라는 단순한 도구만으로 인물들의 표정과 동작을 놀랍도록 생동감 넘치게 포현했습니다. 책을 읽는 아이, 몰래 장난치는 아이, 그리고 그들을 가르치는 훈장 선생님까지 마치 한 편의 재미있는 영화를 보는 듯한 생동감이 화면 가득 펼쳐져 있어요.

흥미로운 점은 긴 시간이 흘렀음에도, 이 그림 속 아이들의 모습이 지금 우리 모습과 너무나도 닮았다는 것입니다. 책 읽기에 열중인 모범생, 몰래 장난치다 들킬까 조마조마하는 장난꾸러기, 친구와 킥킥거리며 웃는 아이들의 모습은 시대를 초월한 공감을 불러일으키죠. 더욱 놀라운 것은 김홍도가 당시의 일상을 얼마나 섬세하게 관찰하고 표현했는지를 보여주는 디테일입니다. 아이들의 미묘한 표정 변화, 긴장감과 장난기가 교차하는 순간들, 그리고 훈장 선생님의 위엄 있는 모습까지 완벽하게 포착했습니다.

이처럼 김홍도의 <서당>은 단순한 그림이 아닌, 조선 시대 사람들의 일상을 고스란히 담아낸 타임캡슐과도 같은 작품입니다. 우리 조상들도 웃고, 떠들고, 공부하고, 장난치며 살았다는 것을 보여주는 소중한 기록이기 때문입니다. 지금 보아도 따뜻한 미소를 자아내는 이 작품은, 김홍도의 뛰어난 관찰력과 표현력이 만들어 낸 조선 시대의 귀중한 문화유산이라 할 수 있어요. 시간이 흘러도 변치 않는 인간의 모습을 담아낸 작품입니다.

아이와 함께 감상하기 Tip

1. 그림 속 분위기 생각해 보기
서당 안은 시끌시끌할까, 조용할까?
장난치는 소리가 들리는 것 같니? 아니면 선생님의 꾸중 소리가 들릴까?

2. 옷차림 비교하기
옛날 아이들은 어떤 옷을 입고 학교에 갔을까?

3. 옛날 학교 모습 상상하기
지금 학교랑 뭐가 다른 것 같니?
저 아이들은 어떤 책으로 공부했을까?

4. 이야기 만들기
저기 아이 중 한 명을 골라서, '오늘 서당에서 어떤 일이 있었는지' 이야기를 지어 보자.

5. 색감과 먹선 관찰하기
김홍도가 먹물과 붓으로 어떤 선을 그렸는지 자세히 볼까?
다른 색깔이 많이 보이지 않는데도 사람들이 살아 있는 것처럼 느껴지는 이유는 뭘까?

✦ 추천 미술 놀이 ●

선의 아름다움

김홍도의 <서당>은 선의 흐름만으로도 아이들의 표정과 분위기를 생생하게 담아낸 작품이에요. 이번 활동에서는 먹 선을 사용해 전통적인 멋을 느끼며 관찰력과 집중력을 기르고, 그림 속 상황을 나만의 이야기로 풀어내는 경험을 할 수 있습니다. 단순히 따라 그리는 것이 아니라 선을 통해 장면과 감정을 표현하는 즐거움을 느껴볼 수 있어요.

 **준비물**
먹, 물, 벼루, 붓, 화선지, 일상생활 사진

놀이과정

1. 선 연습 활동
종이에 먹물로 기본 선 그리기를 연습해요. 원, 직선, 곡선, 점 찍기, 반복 무늬 등 선의 굵기와 속도를 조절해 보며 먹선의 느낌을 익혀봅니다.

2. 실제 사진 관찰하기
아이의 일상 사진, 가족사진, 친구의 사진 등을 꺼내 자세, 표정, 손동작 등을 관찰해요.

3. 나만의 서당 장면 그리기
사진 속 인물이나 상상 속 상황을 떠올리며 선을 활용해 인물을 그려요. 눈, 코, 입, 자세 등을 단순한 선으로 표현해 보고, 김홍도처럼 여러 인물을 한 장면에 구성해도 좋아요.

4.
완성된 그림과 사진 속 표정과 자세를 함께 관찰해 보세요. 사진을 선으로 풀어내는 과정 자체가 아이의 관찰력과 표현력을 자연스럽게 키워줍니다.

놀이 Tip
→ 붓을 눌러 그리면 선이 굵게, 살짝 그리면 선이 가늘게 나와요.
→ 선 하나로 감정을 표현할 수 있어요.
　(예: 이건 무서워서 떨고 있는 선, 이건 웃고 있는 선)
→ 아이의 사진 속 장면을 선으로 표현하는 활동을 통해 그림 속 감정이 살아나고 스토리텔링이 더 풍부해져요. 자연스럽게 아이의 상상력과 주도성을 키울 수 있습니다.

미대엄마의 명화 Pick!

장승업, <호취도>
張承業, 豪鷲圖

🔵 명화 감상하기

장승업, <호취도>, 19세기 후반

조선 후기의 화가 장승업은 힘 있고 생생한 붓놀림으로 유명한 화가입니다. 그의 작품 〈호취도〉에는 매 두 마리가 등장하죠. 멀리서 보면 두 새가 서로를 바라보며 이야기하는 것처럼 보여요. 굵은 부리, 강한 발톱, 번뜩이는 눈빛 덕분에 마치 진짜 새를 앞에서 보는 느낌이 든답니다.

이 작품은 그냥 새를 아름답게 그린 것이 아니에요. 매의 모습을 통해 당당함과 용기 같은 마음의 힘을 함께 전해 줍니다. 장승업은 먹을 진하고 옅게 바꾸어 쓰는 방법(농담)과, 질감을 살리는 붓질에 능통해서 부드러운 깃털, 거친 바위, 단단한 나뭇가지를 생생하게 표현했어요.

화가 장승업에 대해서는 전해지는 이야기가 많아요. 어려서부터 그림 그리는 것을 특별히 좋아했고 화원 유숙에게 그림을 배워 기틀을 다졌다는 기록도 있어요. 또 자연을 유심히 관찰하는 눈을 가지고 있어, 거기에 자신의 느낌을 함께 담아 산수화, 인물화, 동물화 등 다양한 주제의 그림을 멋지게 그렸답니다.

〈호취도〉를 보면 자연의 기운까지 함께 느낄 수 있어요. 매의 모습뿐 아니라, 넓은 자연 속에서 살아가는 씩씩한 마음까지 떠올리게 된답니다. 시간이 지나도 많은 사람들이 이 작품을 보며 감탄하는 이유가 느껴지지요?

아이와 함께 감상하기 Tip

1. 독수리의 표정 살펴보기
그림 속 매는 어디를 바라보고 있는 것 같아?

2. 선과 농담(명암) 느껴보기
매의 깃털은 진한 선과 연한 선이 어떻게 섞여 있을까?

3. 성격과 상징 이야기하기
이 그림을 본 사람들은 매를 보며 어떤 기분이 들었을까?

4. 동물 친구 추가해서 상상하기
만약 여기 사슴이나 토끼 같은 다른 동물이 함께 있었다면 어떤 장면이 될까?

5. 배경과 여백 살펴보기
주변에 배경이 별로 그려져 있지 않은데, 왜 그랬을까?
배경이 단순해서 동물이 더 잘 보인다고 느껴지니?

🌸 추천 미술 놀이 🔴
수묵의 선과 번짐

장승업의 〈호취도〉를 관찰하며 먹의 농담, 번짐, 점묘 표현을 통해 동물의 생김새와 감정을 표현해 봅니다. 실제 사진과 비교해 보며 사실 그대로의 모습과 화가의 표현 사이의 차이를 발견하고, 수묵의 선과 번짐을 활용해 자유롭게 새로운 표현을 해보는 활동이에요. 먹을 사용해 단순한 선이나 얼룩만으로 감정이나 움직임을 담아내는 표현 방법을 자연스럽게 익힐 수 있습니다.

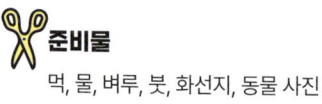 **준비물**
먹, 물, 벼루, 붓, 화선지, 동물 사진

 **놀이과정**

1 동물 사진 관찰하기
아이가 원하는 동물 사진 보며 몸의 모양, 무늬, 표정, 자세를 천천히 관찰합니다. "귀는 어디에 있을까?", "무늬는 어떻게 퍼져 있지?" 같은 질문을 하면서 세부 특징을 살펴보는 관찰력이 길러보세요.

2 먹의 농도 조절해 보기
하나의 붓으로 진한 먹, 연한 먹, 물 먹은 붓 등을 사용해 선이나 번짐 표현을 연습해 보세요. 먹의 농도에 따라 느낌이 달라져요.

3 표현 방법 1 : 단순한 선으로 표현하기
세세한 부분을 모두 그리지 않아도 괜찮아요. 한두 줄의 선만으로도 동물의 모습과 느낌을 표현할 수 있어요. 선의 굵기와 방향을 조절하면 생동감이 살아납니다.

4 표현 방법 2 : 형태와 질감까지 표현하기
사진을 참고하면서 연한 먹으로 몸통→다리→꼬리→머리 순으로 그려 보세요. 무늬는 점으로 표현하거나, 붓끝으로 톡톡 찍듯이 표현해도 좋아요. 귀나 꼬리 같은 부분을 조금 더 강조하면 그림에 포인트가 생깁니다.

놀이 Tip

➡ 수묵화는 먹의 번짐과 여백으로 감정을 담는 것이 핵심입니다.
➡ 먹물이 너무 많으면 종이가 찢어지거나 번짐 조절이 어려울 수 있으니, 물 양을 잘 조절해야 해요.
➡ 붓이나 면봉, 나뭇가지 등 다양한 도구를 시도하면 색다른 질감과 선의 느낌을 얻을 수 있어요.
➡ 표현이 어설퍼도 그 안에 아이만의 감정이나 움직임이 담겨 있는지를 찾아보는 것이 중요해요.
➡ 여러 마리 동물을 다양한 자세로 구성해 보면 이야기 흐름이 생겨요.
➡ 완성된 그림에 이름을 붙이거나 짧은 이야기를 더해보면 아이의 몰입도가 더 깊어질 수 있습니다.

Chapter 3

공예 표현 기법

Collage

콜라주

Collage 콜라주

◆ 콜라주는 무엇일까요?

콜라주는 프랑스어 'Coller(붙이다)'에서 온 말로, 다양한 재료를 오려 붙여 새로운 그림이나 작품을 만드는 미술 기법이에요. 잡지나 신문에서 고른 사진, 알록달록한 색종이 조각, 포장지, 천, 단추, 리본, 스티커 등 여러 재료를 사용해 콜라주 기법을 즐길 수 있어요. 재료의 원래 이미지를 가지고 하는 작업이기 때문에 그림을 잘 그리지 못해도 재미있게 작품을 만들 수 있다는 것이 콜라주의 매력이랍니다. 어울리지 않을 것 같은 모양을 종이 위에 붙이다 보면 생각지도 못했던 멋진 작품이 완성돼요.

콜라주는 종이 위에 여러 재료를 붙이는 과정을 넘어서서 색과 형태를 마음대로 조합하고 자기만의 이미지를 자유롭게 만들 수 있는 예술 활동입니다. 작업을 시작하기 전에 어떤 분위기를 만들고 싶은지 생각해 보고 느낌에 맞는 재료들을 모아 보세요. 만약 그림이 미완성처럼 느껴진다면, 크레파스나 마커 같은 재료로 그림을 그려 넣어도 좋아요. 다양한 시도와 실험을 통해 완성된 콜라주 작품은 나만의 특별한 작품이 될 수 있답니다.

🎨 콜라주 활용 팁

이야기나 주제 담기

콜라주를 시작하기 전에는 '바닷속 풍경'이나 '우주'처럼 간단한 주제를 떠올리면 도움이 돼요. 예를 들어, 파란색 계열의 사진이나 그림을 오려 붙여 바다를 표현하거나, 손으로 둥글게 찢은 종이로 파도 모양을 만들어 볼 수도 있답니다. 가위를 사용해 원하는 모양을 정교하게 자를 수도 있고, 손으로 찢어 울퉁불퉁한 질감을 살리는 것도 좋아요. 이렇게 다양한 방식으로 이미지에 주제를 담아 표현해 보세요.

콜라주 재료 붙이기

종잇조각을 붙이기 전에 "이 조각은 어디 두면 좋을까?", "어떤 색이 옆에 오면 더 멋질까?" 같은 질문을 해 보면 콜라주 작업이 훨씬 풍부하고 재미있어져요. 재료를 붙일 때는 풀이 너무 많이 묻지 않도록 조심하세요. 종이가 울거나 구겨질 수 있거든요. 또, 천이나 단추처럼 무겁고 도톰한 재료를 쓸 땐 일반 풀보다는 글루건이나 양면테이프처럼 접착력이 강한 재료가 필요해요.

색연필이나 크레파스로 마무리하기

콜라주를 완성했는데 어딘가 허전하다고 느껴진다면, 색연필이나 크레파스를 이용해 살짝 그림을 더해 보세요. 예를 들어 파란 종이로 바다를 표현했다면 그 옆에 물고기나 파도 모양을 그려 넣어보세요. 점이나 선 등 간단한 요소를 추가하기만 해도 작품이 훨씬 풍성해지고 생동감 있게 살아날 거예요. 그림과 콜라주 재료가 자연스럽게 어우러져서 나만의 분위기 있는 작품 완성된답니다.

입체감 살리기

콜라주를 평면으로만 만들지 말고 입체적으로 튀어나오게 해보세요. 예를 들어 종이를 반으로 접어 가운데에만 풀을 발라 붙이면 나비 날개처럼 펼쳐져서 입체(3D) 느낌을 낼 수 있어요. 두꺼운 종이상자나 스티로폼을 잘라서 덧붙이면 작품에 높낮이가 생겨 더 재미있어져요. 이렇게 입체감까지 더해지면 콜라주 작품이 더욱 독특하고 특별해집니다.

미대엄마의 명화 Pick!	**빈센트 반 고흐, <별이 빛나는 밤>**
	Vincent van Gogh, The Starry Night

🟢 명화 감상하기

빈센트 반 고흐, <별이 빛나는 밤>, 1889

빈센트 반 고흐는 그림을 통해 마음속 감정을 표현하는 걸 아주 좋아했어요.

〈별이 빛나는 밤〉은 고흐가 병원에 있을 때, 창 밖을 보며 상상해서 그린 작품이에요. 진짜 밤하늘보다 훨씬 더 밝게 빛나는 별, 소용돌이처럼 움직이는 구름, 노란 달이 인상적이죠. 이 작품은 실제 풍경처럼 그리기보다 고흐가 느낀 감정과 마음을 표현한 것이라고 할 수 있어요.

밤인데도 하늘이 고요하지 않고 꿈틀꿈틀 살아 움직이는 것처럼 보이죠? 별과 달은 너무나 커다란 빛으로 번져나가고 있어요. 그림 아래쪽에는 조용한 마을이 그려져 있어요. 멀리 보이는 언덕과 집들, 그리고 큰 나무 한 그루가 어두운 색으로 서 있어요. 하늘과 마을이 완전히 다른 분위기라서 이 그림을 보면 하늘 속으로 빨려 들어갈 것 같은 느낌이 들기도 해요.

〈별이 빛나는 밤〉은 고흐가 외로움과 불안을 느끼던 시기에 그린 그림이에요. 그래서 이 밤하늘 그림을 통해 그의 마음속 깊은 감정이 요동치는 것이 느껴진답니다. 이 작품을 보면 사람의 마음도 하늘처럼 밝았다가 어두워지거나 여러 감정이 섞일 수 있다는 것을 알 수 있어요.

아이와 함께 감상하기 Tip

1. 하늘의 기분 상상해 보기
이런 하늘을 실제로 본다면 어떤 기분이 들 것 같아?

2. 화가의 마음 상상해 보기
진짜 별은 작은데 왜 고흐는 이렇게 크게 그렸을까?

3. 그림 속 색 살펴보기
밤하늘이 초록색이면 어떤 기분일까?

4. 그림 속에 내가 들어간다면 어디에 있을까 상상해 보기
저 하늘을 날아다닌다면 별 옆에서 뭘 하고 있을까?

5. 이야기 만들어 보기
이 별빛 아래서 누가 무슨 일을 하고 있을까?

✦ 추천 미술 놀이

콜라주로 즐기는 <별이 빛나는 밤>

아이와 함께 고흐의 명작 <별이 빛나는 밤>을 감상한 뒤 작품 속 요소들을 직접 오려 붙이며 재해석하는 콜라주 활동이에요. 단순히 그림을 따라 그리는 것이 아니라, 오리고 붙이고 채색하는 과정을 통해 아이들은 색과 형태의 조화를 느끼고 자기만의 시선으로 작품을 표현할 수 있습니다.

 **준비물**
색지, 채색 도구(색연필, 오일 파스텔, 물감 등), 가위, 풀

놀이과정

1. 색지를 활용해 하늘, 별, 달, 마을, 언덕 등 <별이 빛나는 밤> 속의 주요 요소들을 자유롭게 오립니다.

2. 오린 색지 위에 채색 도구로 선, 질감, 명암 등을 더해 개성 있는 요소로 발전시킵니다.

3. 큰 요소부터 작은 요소까지 차례대로 배치하여 화면을 구성합니다. 아이가 원하는 순서와 위치를 존중해 주세요. 배치가 마음에 들면 풀로 붙여 전체 장면을 고정합니다.

4. 배경을 채색하거나 디테일을 더해 작품의 완성도를 높입니다. 완성한 작품을 함께 감상하며 "별과 달은 어떤 기분을 담고 있니?"처럼 아이가 작품 속 감정을 자연스럽게 말할 수 있는 질문을 던져보세요.

놀이 Tip

⇒ 색종이 대신 잡지나 신문을 활용해 다양한 질감과 무늬가 들어간 종이를 오려 붙이면 독창적인 작품이 됩니다.
⇒ 하늘의 소용돌이, 별빛만 따로 크게 오려서 강조하면 색다른 구성이 됩니다.
⇒ 꼭 파란 하늘, 노란 별이 아니어도 괜찮아요. 아이가 느낀 감정에 맞는 색을 선택하도록 해보세요.
⇒ 완성된 작품을 벽에 나란히 붙여 작은 갤러리를 꾸며보세요.

앙리 마티스, <달팽이>
미대엄마의 명화 Pick!
Henri Matisse, The Snail

🫧 **명화 감상하기**

앙리 마티스, <달팽이>, 1953

마티스의 <달팽이>는 색종이를 가위로 오려 붙인 콜라주 작품이에요. 앙리 마티스는 원래 붓으로 그림을 그리는 화가였지만, 나이가 들어 몸이 불편해지자 색종이를 가위로 오려 붙이는 방식으로 작업을 이어갔어요.

이 작품을 보면 큰 색종이 조각들이 동그랗게 모여 마치 달팽이 껍데기같이 보이지 않나요? 분홍, 주황, 파란색 등 다양한 색이 어우러져 색깔만 봐도 경쾌한 리듬감이 느껴져요. 가운데에서 바깥을 향해 돌고 있는 듯한 구성도 인상적입니다. 가까이서 보면 단순한 색종이 조각들이지만 멀리서 보면 커다란 달팽이 껍데기가 연상될 거예요. 마티스는 이처럼 종잇조각을 오려 붙이는 기법을 '컷아웃(cut-out)'이라고 불렀어요. 붓이나 물감을 사용하지 않아도, 색종이만으로도 충분히 멋진 작품을 만들 수 있다는 것을 보여준 화가입니다. 이 작품의 선명한 색감과 단순하지만 조화로운 형태를 감상해 보세요!

🍃 아이와 함께 감상하기 Tip

1. 동그랗게 이어진 색종이 조각의 경로를 따라가면서 달팽이 껍데기를 상상해 보기
이 그림을 보니 달팽이가 어디쯤 있는 것 같아?

2. 오려 붙인 종이의 색깔 비교하기
어떤 색종이를 많이 썼지? 이 자리에 다른 색을 넣었다면 어땠을까?

3. 여백(빈 곳) 살펴보기
색종이 사이에 남은 하얀 종이 부분이 어떤 모양처럼 보이니?
만약 여백 없이 색종이들이 모두 붙어 있다면 작품이 어떻게 달라졌을지 상상해 보자.

4. 멀리서 보고 가까이 보기
멀리서 보면 달팽이 같은데, 가까이에서 보면 어떤 느낌이 들어?

5. 나만의 그림 제목 붙이기
어떤 제목을 붙여주고 싶어?

✦ 추천 미술 놀이

종잇조각으로 느끼는 색과 리듬

이 활동은 마티스의 대표작 <달팽이>처럼 색종이를 자르고 붙이며 구성의 즐거움을 경험하는 활동입니다. 직접 자르고 붙인 색과 형태 속에서 감정과 생각이 자연스럽게 드러날 수 있어요. 다양한 시도를 통해 감정을 표현하는 방법을 경험해 보세요.

 **준비물**
색종이, 도화지, 가위, 풀, 다양한 질감의 패턴지, 도안(선택 사항)

도안 다운로드

놀이과정

1. 일반 색종이나 도화지 외에도 다양한 질감의 패턴지들을 준비하여 주세요. 직접 그린 패턴지라면 더욱 좋습니다.

2. 색종이를 정사각형, 삼각형, 불규칙한 모양으로 자유롭고 다양하게 잘라요. 모양 만들기가 조금 어렵다면, 준비된 도안을 활용해도 좋아요.

3. 자른 종이를 배치해 보며 전체 구도를 구상해 보세요. 형태가 정해지지 않아도 괜찮아요. 배치하는 과정을 통해 이야기나 감정을 나누어 보세요.

4. 원하는 구도로 붙여서 완성해 보세요. 완성된 작품에는 제목을 붙여 이야기를 끌어내 보세요.

놀이 Tip

- 직접 패턴을 그린 종이를 함께 활용하면 작품에 개성이 살아나요.
- 마티스는 종이와 가위만으로 그림을 그리는 감각을 표현했어요. 크레용 대신 가위로 오려 붙이는 활동을 해보세요.
- 형태 감각, 도형 구성 능력, 공간 지각력이 발달할 수 있어요.

미대엄마의 명화 Pick!	# 파블로 피카소, <도라 마르의 초상>

Pablo Picasso, Portrait of Dora Maar

명화 감상하기

파블로 피카소, <도라 마르의 초상>, 1937

파블로 피카소는 스페인을 대표하는 미술가로, 사람을 동시에 여러 각도에서 본 것처럼 해석해 그리는 입체주의(Cubism) 기법으로 유명합니다. 〈도라 마르의 초상〉은 1937년에 피카소가 예술적 영감을 주고받던 친구이자 사진작가인 도라 마르를 그린 작품이에요.

일반적인 초상화는 화가가 정한 방향에서 보이는 대로 그리지만, 이 작품에서는 눈, 코, 입이 살짝 어긋나 있고 머리 모양이나 표정도 여러 각도에서 본 모습이 겹친 것처럼 보여요. 처음에 이 작품을 보면 "이상하게 생겼다!"라고 느낄 수도 있지만, 피카소는 이렇게 사람을 자유롭게 재해석해서 자기만의 아름다움을 표현하고 싶어 했답니다.

작품을 자세히 살펴보면 얼굴이나 머리카락, 옷의 모양이 단순한 선과 기하학적인 도형으로 변형되어 있어요. 색깔도 실제 얼굴색과는 달라 보이지만, 오히려 작품을 더 재미있고 특별하게 만들어 줍니다. 피카소는 "꼭 똑같이 그릴 필요는 없어. 내가 느낀 대로, 내가 생각한 대로 그리면 돼!"라는 생각으로 그림을 그렸다고 해요. 그래서 이 작품을 보면, 실제 도라 마르의 모습보다는 피카소가 느낀 도라 마르의 개성, 감정, 분위기가 생생하게 담긴 느낌이 들어요.

아이와 함께 감상하기 Tip

1. 그림 속 사람은 어떤 표정일까?
그림 속 도라 마르는 슬퍼 보여? 신나 보여? 아니면 다른 어떤 기분일까?

2. 색을 바꿔 보면 어떨까?
이 그림에서 가장 눈에 띄는 색은 뭘까? 만약 색을 마음대로 바꾼다면 어떤 색으로 하고 싶어?

3. 여러 방향에서 본 얼굴을 생각해 보기
피카소는 왜 코와 눈을 여러 방향에서 본 것처럼 그렸을까?

4. 배경과 함께 상상해 보기
어떤 색이 배경을 이루고 있지? 배경에 다른 모양이 들어간다면 작품 전체 느낌이 어떻게 달라질까?

5. 이야기 만들어 보기
초상화 주인공 도라 마르는 무슨 생각을 하고 있을까?

추천 미술 놀이

피카소식 얼굴 콜라주

피카소의 작품처럼 눈, 코, 입을 각각 재배치하여 나만의 방법으로 조합해 보는 콜라주 활동입니다. 정답이 없는 얼굴, 좌우가 바뀐 표정, 크고 작은 이목구비가 모여 세상에서 하나뿐인 '나만의 자화상'을 완성할 수 있어요.

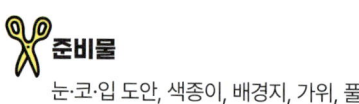
준비물
눈·코·입 도안, 색종이, 배경지, 가위, 풀

도안 다운로드

놀이과정

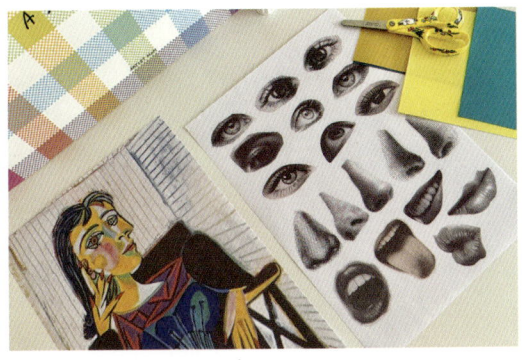

1 피카소 작품을 감상한 뒤 다양한 눈, 코, 입 도안과 색종이, 배경지를 준비해 주세요.

2 눈, 코, 입 도안을 각각 잘라봅니다. 크기부터 색을 고르는 과정에서도 아이의 선택과 결정이 자연스럽게 드러납니다.

3 자유롭게 조합하고 붙여보세요. 얼굴이라고 해서 꼭 정면일 필요는 없어요. 눈이 옆에 있어도, 코가 아래에 있어도 괜찮습니다.

4 완성된 얼굴 주위에 색을 더하거나 머리카락, 귀걸이, 장식 등을 더해보세요. 완성된 작품에 제목을 붙이고, 여러 가지 이야기를 확장해도 좋습니다.

놀이 Tip

⇒ 정답이 없는 얼굴이라는 점을 먼저 알려주세요. 눈이 옆에 있어도, 코가 이마에 있어도 괜찮다고 말해주면 아이는 훨씬 자유롭게 표현합니다.
⇒ 도안에 없는 요소도 직접 그려서 자유롭게 추가해 보세요. 부모가 아이 얼굴을, 아이가 부모 얼굴을 만들어 보면 더 많은 대화와 웃음이 생겨납니다.
⇒ 붙이기 전에 종이 위에 눈·코·입을 올려보고 "이렇게 붙이면 어떤 기분 같아 보여?", "웃는 것 같아, 화난 것 같아?" 등 감정을 상상해 보세요.
⇒ 활동 전에 거울을 보며 내 얼굴이 어떤지 천천히 살펴보는 시간을 갖는 것도 좋습니다.

Art Print

판화

Art Print

 판화는 무엇일까요?

판화는 하나의 판(또는 블록, 금속판, 돌 등)에 그림 원본을 만든 뒤, 잉크를 묻혀 여러 장을 찍어 내는 미술 기법을 말해요. 도장이나 스탬프를 종이에 찍어내 그림을 여러 장 만드는 것과 비슷하다고 생각하면 쉬워요. 조각 칼로 나무판을 파서 찍는 '목판화', 금속판에 홈을 파서 찍는 '동판화', 돌 위에 그림을 그려 찍는 '석판화', 그리고 천에 잉크를 밀어 넣는 '실크 스크린(스크린 인쇄)' 등이 대표적인 판화 기법이에요.

판 위에 그림을 조각칼로 새긴 뒤 그 위에 잉크를 발라 종이에 꾹 눌러 찍으면 같은 그림을 여러 장 만들 수 있어요. 판화 기법은 처음 원본 그림을 완성하는 데 조금 시간이 걸릴 수 있지만, 한 번 판을 만들어 놓으면 여러 장을 찍어 낼 수 있어서 재미있고 편리하답니다. 옛날에는 책이나 신문을 찍어 낼 때도 판화 기법을 많이 사용했어요.

판화를 간단하게 체험해 보려면 지우개판화나 감자 도장처럼 간단한 방법이 좋아요. 지우개나 감자의 표면을 조각용 칼로 살짝 파서 원하는 모양을 만든 뒤, 물감을 묻혀 종이에 찍으면 멋진 도장처럼 여러 번 찍어낼 수 있답니다. 이렇게 재미있는 판화 기법을 체험해 보면 직접 '판'을 조각하는 재미와 찍어 내는 즐거움을 동시에 느낄 수 있을 거예요!

판화의 종류

볼록판화(Relief)
도장과 비슷한 원리의 판화입니다. 나무나 고무 같은 판에서 깎지 않은 볼록한 부분에 잉크를 발라 찍어 내는 기법이죠. 대표적으로 나무판을 사용하는 목판화나 지우개판화가 있어요.

오목판화(Intaglio)
오목판화는 판 표면을 파내어 잉크를 채운 뒤 압력을 주어 인쇄하는 기법이에요. 그중에서도 동판화가 대표적이며, 주로 구리판이나 아연판 등을 사용해 매우 섬세하고 정교한 선을 표현할 수 있다는 점이 큰 특징입니다.

프로타주(Frottage)
직접 판을 만들지 않고, 동전이나 나뭇잎 같은 물체 표면 위에 종이를 대고 연필이나 크레파스로 문질러 무늬를 그대로 종이에 옮기는 기법입니다. 동전 위에 종이를 대고 색칠하면 동전 무늬가 드러나는 게 전형적인 프로타주 기법이랍니다.

스텐실(Stencil)
종이나 플라스틱 판에 원하는 모양으로 오려 만든 틀을 얹고, 그 위에 잉크나 물감을 칠해 구멍 난 모양대로 그림을 찍어 내는 기법입니다. 깔끔하고 일정한 형태를 여러 장 찍어 낼 수 있어서 표지판이나 간판을 만들 때도 자주 쓰입니다.

실크스크린(Silkscreen)
망사 같은 천을 틀에 팽팽하게 고정하고, 잉크를 밀어 넣어 종이나 천, 티셔츠 등에 이미지를 찍어 내는 기법입니다. 스텐실과 비슷하게 구멍을 통해 잉크가 통과해 그림이 찍히지만, 더 복잡하고 정교한 작업도 가능해요.

미대엄마의 명화 Pick!	**앤디 워홀, <꽃>**
	Andy Warhol, Flowers

🔵 **명화 감상하기**

앤디 워홀, <꽃>, 1970

앤디 워홀은 미국 팝아트의 대표 미술가로, 일상에서 흔히 접하는 이미지들을 선명한 색감과 반복된 구도로 재창조한 작업을 주로 했어요. 〈꽃〉은 앤디 워홀의 특징을 잘 보여 주는 작품 중 하나입니다. 이 작품을 처음 보면 마치 단순한 꽃 그림 같지만, 자세히 보면 꽃잎 하나하나의 윤곽이 또렷하게 살아 있고 색도 매우 강렬해요. 꽃의 주위 배경도 단조로운 검정만 있는 게 아니라, 노랑과 초록이 대비되며 눈길을 사로잡습니다. 앤디 워홀이 주목하려 한 건 우리가 늘 보던 이미지(꽃, 유명인, 수프 캔 등)를 완전히 새로운 시각으로 보여 주는 것이었어요. 잡지 사진에서 영감을 받은 꽃 그림이지만, 앤디 워홀의 손길을 거쳐서 마치 만화의 한 장면처럼 독특하고 인상적인 분위기를 풍기는 작품을 만들어 냈죠. "왜 이런 강한 색들을 골랐을까?", "배경이 다른 색이었다면 또 어떨까?" 같은 질문을 스스로 던져 보면서 작품을 감상하면 훨씬 재미있답니다.

아이와 함께 감상하기 Tip

1. 꽃에서 들려오는 소리 상상하기
그림 속 꽃들이 노래를 부른다면 어떤 음악이 어울릴까?

2. 색상과 형태에 관한 이야기
이 꽃이 다른 색이었다면 분위기가 어떻게 달라졌을까?

3. 사진과 실크 스크린 기법 상상하기
만약 내가 좋아하는 동물 사진을 여러 가지 색으로 찍는다면 어떤 느낌이 날까?

4. 반복되는 꽃 모양 찾아보기
꽃들이 다 똑같이 생겼니? 아니면 조금씩 다른 부분이 있을까?

5. 나만의 팝아트 꽃 상상해 보기
나만의 꽃을 팝아트처럼 꾸민다면 어떤 색과 무늬를 넣고 싶어? 그 꽃에 어떤 이름을 붙이고 싶어?

✦ 추천 미술 놀이

판화로 만나는 앤디 워홀

집에서 손쉽게 구할 수 있는 우드락, 박스 조각, 색연필만으로 예술적 판화 기법을 직접 체험할 수 있어요. 도구를 누르고 문지르는 감각 놀이와 색의 변화를 관찰하는 활동은 아이의 집중력과 표현력을 함께 길러줍니다. 반복 인쇄를 통해 나만의 색감과 구도를 실험하며, 아이의 '그리는 손'뿐 아니라 '관찰하는 눈'도 함께 성장하게 될 거예요.

 **준비물**
우드락, 골판지(박스 재활용 가능), 연필, 가위, 풀, 물감(아크릴 또는 포스터 컬러), 롤러(또는 붓), 팔레트, 종이(인쇄용지 또는 도화지)

🎨 놀이과정

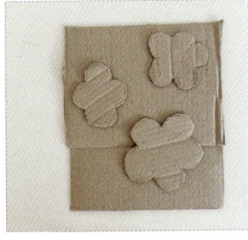

1. 우드락에 배경 표현하기
연필로 우드락을 눌러 긁어 선과 무늬를 새겨요.

2. 골판지로 꽃 모양 만들기
박스에서 꽃 모양을 오려 골판지 판 위에 붙여 지판화를 만들어요.

3. 우드락 판화 찍기
우드락에 롤러나 붓으로 물감을 고르게 바른 후, 종이에 찍어요. 이때 검은색 종이를 사용하면 앤디 워홀 판화 느낌을 낼 수 있어요.

4. 지판화 꽃 인쇄하기
골판지 꽃판에 물감을 바르고, 우드락 배경 위에 꽃을 찍어주세요.

5. 완성 작품 감상
배경과 꽃이 겹쳐지며 생기는 느낌을 비교해 보며 이야기 나눠요. 같은 판도 찍는 방식과 색 조합에 따라 전혀 다른 그림이 될 수 있습니다. 아이가 선택한 색과 방향에서 창의성을 발견해 보세요.

🟪 놀이 Tip

- 우드락이 너무 얇으면 눌렀을 때 찢어질 수 있으니 0.5cm 이상의 두께를 추천해요.
- 롤러에 물감은 얇고 균일하게 발라야 잘 찍혀요. 판화용 롤러가 없다면 넓은 붓이나 스펀지를 이용해도 좋아요.
- 반복 인쇄 과정에서 방향을 바꿔 찍어보게 유도하면 시각적 다양성을 자연스럽게 체험할 수 있어요.
- 가족이 함께 활동한다면, 각자 만든 판을 교환해서 찍어보는 협업 활동도 재미있어요. 완성 후 작품에 이름과 날짜, 본인의 생각을 적은 작은 태그를 붙여 전시해 보세요.

추천 미술 놀이

우드락 판화

우드락은 연필 끝으로 살짝만 눌러도 선이 생기는 부드러운 재료입니다. 손으로 그린 선이 홈이 되고, 그 홈에 색을 얹으면 마치 인쇄한 것처럼 똑같은 그림을 찍어낼 수 있어요. 얇은 우드락과 연필만 있으면 직접 선을 새기고 인쇄하는 판화 과정을 경험할 수 있습니다.

 **준비물**
우드락, 연필, 아크릴 물감 또는 포스터 물감, 팔레트, 롤러 또는 붓, 종이

🎨 놀이과정

1. 우드락 위에 연필로 누르며 그림을 그려 주세요. 힘을 주어 눌러야 판화를 찍을 때 더 또렷하게 나타납니다.

2. 팔레트에 물감을 짜고 롤러나 붓에 묻혀서 우드락에 얇게 펴 발라 주세요. 홈이 파인 부분은 물감이 닿지 않아, 그 선이 흰색으로 남게 됩니다.

3. 종이를 위에 덮고 손바닥으로 골고루 눌러 찍어냅니다.

4. 종이를 천천히 떼어내면 우드락에 새긴 그림이 종이에 그대로 찍혀 나옵니다. 같은 판으로 색을 바꿔 여러 번 찍어보며 인쇄의 반복성과 색 변화도 함께 관찰해 보세요.

🎀 놀이 Tip

- 아이가 선을 약하게 그릴 경우엔 이쑤시개나 볼펜으로 살짝 도와줘도 좋아요.
- "같은 판으로 찍어냈는데 왜 색이 다르게 느껴질까?" 하는 질문으로 인쇄 결과에 대한 탐색을 유도해 보세요.
- 테마 판화집 만들기 : '숲속 동물', '내가 좋아하는 것' 등 주제를 정해 여러 장을 찍어 판화 연작 시리즈로 엮어 보세요.
- 카드·책갈피 만들기 : 인쇄물을 잘라내 엽서나 책갈피로 재탄생시켜 보세요.

✤ 추천 미술 놀이 ●

프로타주

촉감을 시각적 이미지로 옮기는 프로타주 기법은 아이의 감각 통합 능력을 자극해 줍니다. 표면의 요철을 손으로 느끼고 색연필로 문지르며 형태를 떠올리는 과정 속에서 손의 움직임, 시각적 관찰, 감각적 예측이 함께 작동하게 됩니다.

 **준비물**
글루건 또는 목공풀, 색연필 또는 크레파스, 도안 스케치 (선택 사항), A4 용지

 QR

도안 다운로드

182

놀이과정

1. 도안 위의 선을 글루건이나 목공풀로 따라 그려서 입체적으로 만들어 말립니다.

2. 그 위에 종이를 올리고 색연필이나 크레파스로 문지르듯 칠합니다.

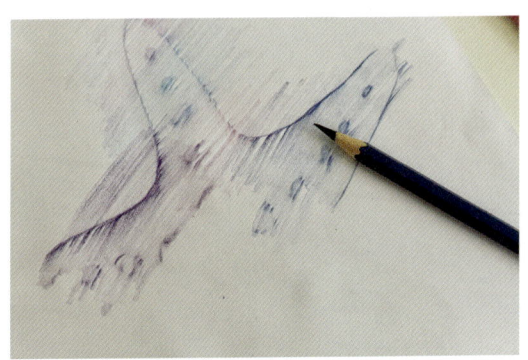

3. 색을 바꾸고 방향을 달리하여 반복하면, 그 아래 감춰져 있던 무늬가 하나둘 떠오릅니다.

4. 글루건이나 목공풀로 만든 선을 새롭게 표현하는 경험을 할 수 있어요.

추천 미술 놀이

지판화

지판화는 골판지나 박스 조각처럼 손에 익은 재료를 활용해 입체적인 판을 구성한 뒤, 물감을 올려 찍어내는 판화입니다. 여러 조각을 붙이고 쌓아 올리는 과정에서 공간 구성력과 형태에 대한 감각이 자연스럽게 길러지며, 찍어낸 결과물에서는 평면 회화와는 또 다른 질감과 구조감을 느낄 수 있습니다.

 **준비물**
골판지나 박스 조각, 목공풀, 아크릴 물감, 롤러 또는 스펀지, 도화지, 가위

놀이과정

1. 골판지를 다양한 모양으로 자릅니다. 원형, 사각형, 구불구불한 조각이어도 좋고, 꽃이나 동물 모양을 만들어도 좋아요.

2. 자른 골판지 조각을 넓은 골판지 위에 원하는 모양으로 붙입니다.

3. 조각이 잘 붙도록 말린 뒤, 롤러나 스펀지를 사용해 전체 표면에 물감을 고르게 발라요.

4. 그 위에 도화지를 올리고 손바닥이나 도구로 눌러 찍어냅니다.

5. 종이를 떼어내면, 구성한 모양이 종이 판화에 그대로 찍혀요.

Sculpture

조소

Sculpture

는
무엇일까요?

조소는 흙, 나무, 금속 등 다양한 재료를 사용해 입체적으로 형상을 만드는 미술 기법입니다. 그림이 평면 위에서 이루어지는 2차원 작업이라면, 조소는 입체 공간에 만드는 3차원 작업이며 '조각(彫刻, Carving)'과 '소조(塑彫, Modeling)'를 통틀어 말해요. '조각'은 단단한 재료(나무, 돌 등)를 깎아 형태를 만드는 방법이고, '소조'는 찰흙이나 점토처럼 말랑한 재료를 이용해 형태를 빚어내는 방법이랍니다. 특히 조소 작품은 앞, 뒤, 옆에서 모두 다른 모습을 볼 수 있어 더욱 재미있어요. 한 방향에서만 감상하는 그림과 달리, 3면에서 볼 수 있는 3D(입체)라는 점이 큰 특징이지요.

조소를 처음 해 볼 때는 "어떻게 만들어야 할까?" 하고 고민되지만, 막상 손으로 직접 만져 보고 모양을 조금씩 다듬다 보면 멋진 작품이 탄생합니다. 어린이가 조소 활동을 할 때는 주로 찰흙이나 클레이 등 안전하고 쉽게 모양을 만들어 낼 수 있는 재료를 사용하는 것이 좋아요. 찰흙이나 클레이로 동물이나 인형을 만들면서 발이 짧으면 조금 더 붙여서 늘려 볼 수도 있고, 머리가 너무 무거우면 가운데 막대를 넣어 버티게 할 수도 있어요. 더 붙이거나 조금씩 떼어 내면서 자유롭게 고칠 수 있어요. 완성한 후에는 잘 말려서 물감으로 칠하거나 꾸미기도 할 수 있어요. 하나의 작품으로 여러 가지 표현을 할 수 있는 재미있는 활동이랍니다.

조소 재료의 종류

석고
- **특징** : 물과 섞으면 반죽처럼 되었다가 시간이 지나면 단단하게 굳어요. 마감이 부드럽고 형태가 뚜렷하게 표현돼요.
- **활용** : 틀에 부어서 형태를 만들거나, 덩어리를 조각해서 만들어요.
- **예시** : 얼굴 석고상, 손 모형 만들기

나무
- **특징** : 단단하지만 잘 깎으면 멋진 입체 작품이 돼요.
- **활용** : 끌, 망치 등 조각 도구로 깎아 형태를 만들어요.
- **예시** : 전통 목조각, 인형, 탈 만들기

돌
- **특징** : 매우 단단하고 무겁지만 조각하면 고급스러운 작품이 나와요.
- **활용** : 정, 망치 등을 사용해 쪼아내며 형태를 만들어요.
- **예시** : 대리석 조각상, 기념비

금속
- **특징** : 주로 녹여서 틀에 붓거나 망치로 두드려서 형태를 만들어요.
- **활용** : 브론즈(청동), 철, 알루미늄 등이 쓰여요.
- **예시** : 동상, 현대 조형물

종이/종이죽
- **특징** : 종이를 풀이나 밀가루 반죽에 섞어 점토처럼 만드는 재료예요.
- **활용** : 가볍고 만들기 쉬워서 어린이 조소 활동에 자주 사용돼요.
- **예시** : 가면, 동물 모형, 탈

재활용 재료/혼합 재료
- **특징** : 플라스틱 병, 상자, 천 조각, 알루미늄 포일 등을 사용해요. 환경 교육과 창의력을 기르기 좋아요.
- **활용** : 주로 재료를 조합해 만들어요.
- **예시** : 정크 아트, 설치 미술

점토의 종류

찰흙

찰흙은 구하기도 쉽고 부드러워서 입체 조형을 만들기 좋은 재료입니다. 손은 물론이고 여러 가지 도구를 사용해서 모양을 만들어 충분히 말리면 단단해져서 오래 보관할 수 있어요. 전통적인 도예 방식과 비슷해서, 흙의 촉감을 생생하게 느끼면서 원하는 형태를 만들 수 있어요.

유토

점토에 기름 성분이 포함되어 있어서 공기 중에 두어도 잘 굳지 않는 재미있는 점토입니다. 여러 번 재활용이 가능해 연습용으로 쓰기 좋고, 시간이 지난 뒤에도 다시 다른 모양으로 바꿀 수 있어요. 그러나 완전히 굳히는 것은 어려우며, 기름기가 손이나 작업대에 묻을 수 있어 주의해야 합니다.

지점토

종이 섬유가 섞인 점토로, 밀폐해 두지 않으면 자연스럽게 말라서 굳어요. 마르고 나면 가벼우면서도 단단해지는 특징이 있습니다. 다 마른 후에는 물감이나 아크릴로 색칠하여 원하는 표현을 하기 좋아요. 너무 얇게 만들면 부러지거나 갈라질 수 있으니, 어느 정도 두께를 유지하며 만드는 것이 좋습니다.

클레이

'어린이용 클레이'는 다양한 브랜드에서 판매해 쉽게 구할 수 있는 재료입니다. 물과 다른 도구들 없이도 다루기 편한 재료입니다. 어떤 제품은 공기 중에 두면 굳고(에어 드라이), 어떤 제품은 오븐이나 열을 가해 단단하게 만드는 종류(폴리머 클레이)도 있답니다. 색깔이 다양해 아이들이 여러 색을 섞어 독특하고 자유롭게 꾸밀 수 있어 즐겁게 작업할 수 있는 재료예요.

미대엄마의 명화 Pick! 오귀스트 로댕, <생각하는 사람>
Auguste Rodin, The Thinker

🌿 명화 감상하기

오귀스트 로댕, <생각하는 사람>, 1902

오귀스트 로댕은 프랑스의 조각가이자 화가예요. 로댕은 사람들의 감정과 움직임을 아주 사실적이면서도 강렬하게 표현하여 많은 사랑을 받았습니다. 청동으로 제작된 〈생각하는 사람〉은 로댕의 대표작 가운데 하나로, 처음에는 〈지옥의 문(Gates of Hell)〉이라는 거대한 청동 문 작품의 일부였다고 해요. 이 문은 이탈리아 시인 단테의 작품 『신곡』에서 영감을 받아 지옥을 표현하는 거대한 조각이 될 예정이었습니다. 그리고 〈생각하는 사람〉은 그 문에 붙일 여러 인물 중 하나였어요. 현재 이 작품은 세계에서 가장 유명한 조각 작품이 되었답니다.

〈생각하는 사람〉을 자세히 보면, 무릎 위에 팔꿈치를 올리고 턱을 괸 채 깊은 생각에 빠진 남성의 모습이죠? 머리를 감싸 쥔 손과 약간 허리를 굽힌 자세로 앉은 남자가 "과연 무슨 고민을 하고 있을까?"라는 궁금증이 생기는 작품입니다. 표정은 자세히 보이지 않지만, 굳게 다문 입과 살짝 긴장된 근육의 사실적인 묘사가 사색의 순간을 나타내고 있어요. 등과 허리를 살짝 굽히고 한 손으로 머리를 받치고 있는 모습이 마치 몇 시간째 생각에 잠긴 것처럼 보이죠. 절대 움직이지 않는 청동 조각이지만 마음속에서 감정을 움직이는 것이 예술 작품의 특징이죠. "나도 저런 생각 자세를 취해 본 적이 있나?" 하고 떠올려 보세요. 예술 작품은 단순히 보기 좋은 모양이 아니라 마음을 움직이는 힘이 있다는 사실을 자연스럽게 깨달을 수 있을 거예요.

아이와 함께 감상하기 Tip

1. 이 사람, 무슨 생각을 하고 있을까?
만약 너라면 어떤 고민을 하느라 이렇게 깊이 생각할 것 같아?

2. 동작 따라 해보기
"이 조각과 똑같은 자세로 한번 앉아 볼까?" 하고 실제로 무릎 위에 팔꿈치를 올리고 턱을 괸 채 앉아 보세요. 몸의 무게 중심과 근육의 힘이 어떻게 느껴지는지 경험해 보면, 조각 작품을 조금 더 생생하게 이해할 수 있어요.

3. 표정과 자세 살펴보기
이 조각에게서 어떤 감정이 느껴지니?

4. 조각 재료 이야기하기
만약 내가 이 작품을 다른 재료로 만들면 어떨까?

5. 내가 고민할 때 모습 상상하기
혹시 너도 고민이 있을 때 이런 자세로 생각해 본 적 있니?

✸ 추천 미술 놀이 ●

몸의 구조와 균형 표현하기

'앉아 있는 사람'이라는 단순한 구도 안에 깊은 생각과 무게감을 담아낸 오귀스트 로댕의 <생각하는 사람>은 정적인 형태 속에서도 생동감을 느낄 수 있는 입체 조형의 대표작입니다. 이 활동은 아이가 몸의 구조와 움직임, 감정을 담은 자세를 입체로 표현해 보는 경험으로 구성되어 있습니다. 철사와 알루미늄 포일로 만든 뼈대 위에 점토를 더해 인체의 덩어리와 균형을 감각적으로 익혀보는 시간을 가져보세요.

 **준비물**
모루 철사(또는 공예용 철사), 알루미늄 포일, 마스킹 테이프, 지점토, 점토 도구, 작업 매트(선택 사항)

놀이과정

1 인체 뼈대 만들기
모루 철사를 구부려 사람의 형태를 만들어 봅니다. 머리, 몸통, 팔 다리를 구분하고 자세를 다양하게 표현해 보세요. 실제 사진을 보며 만들어도 좋아요.

2 알루미늄 포일로 볼륨 만들기
철사로 만든 뼈대 위에 알루미늄 포일을 말아서 붙이며 근육과 몸의 덩어리를 표현해요. 너무 두껍지 않게, '점토의 바탕'이 되는 형태로 만들어 주세요.

3 마스킹 테이프로 고정
헐거운 부분을 마스킹 테이프로 고정해 주면 뼈대가 단단해져 작업이 쉬워집니다.

4 지점토로 감싸 조형 완성하기
물과 도구를 사용하면서 지점토를 다듬어 가며 덧붙여 주세요.

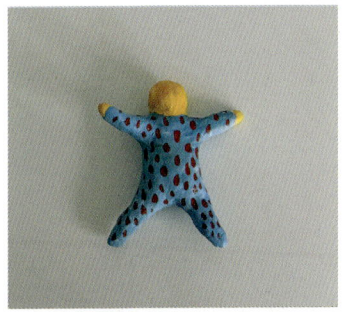

5 건조 후 채색
완전히 마른 후 원하는 경우 아크릴 물감으로 색을 입혀주세요.

놀이 Tip

⇒ 뼈대의 자세를 만들기 전에 아이와 함께 직접 같은 동작을 취해보며 몸의 중심과 균형을 느껴보세요.
⇒ 힘이 부족한 아이들에게는 철사를 두 겹으로 감아주면 더 안정적으로 뼈대를 만들 수 있습니다.
⇒ 단단한 뼈대 위에 점토를 덧붙이는 과정은 '전체→부분→디테일'로 발전하며 조형 감각을 자연스럽게 익히는 기회입니다. 완성된 조형물에 제목을 붙이거나 "이 사람은 무엇을 하고 있을까?" 같은 질문으로 감정 표현을 확장해 보는 것도 좋습니다.

추천 미술 놀이

나만의 석고 컵받침 만들기

석고는 건물이나 모형에서만 만나는 재료처럼 느껴질 수 있어요. 하지만 놀이를 통해 석고가 물과 만나면서 점점 굳어가는 변화를 관찰하는 일은 아이들에게 무척 흥미로운 경험이 됩니다. 특히 투명한 지퍼백 안에서 석고가 굳어가며 모양을 만들어 내는 과정 속에서 형태와 색감, 질감의 관찰하며 아이의 다양한 감각을 두루 자극할 수 있어요.

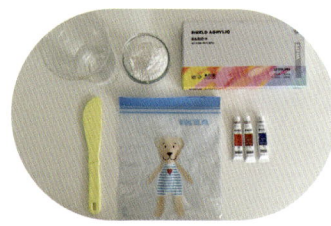

 **준비물**

석고 가루, 물, 아크릴 물감, 지퍼백(작은 사이즈 권장), 섞는 도구(나무 주걱, 버터칼 등), 무거운 물건(컵, 돌 등 눌러서 형태 잡기용)

🎨 놀이과정

 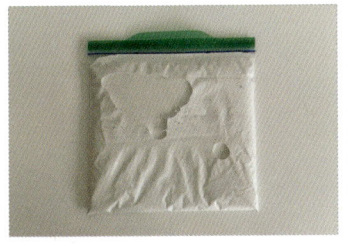 

1 석고 가루와 물을 섞어 반죽을 만듭니다. 석고 100g당 물 80ml 비율이 적당해요. 물이 담긴 그릇에 석고를 조금씩 넣어가며 잘 저어줍니다.

2 혼합한 석고 반죽을 지퍼백에 넣고 잘 밀봉해 주세요. 지퍼백 속 공기를 최대한 다 빼 주세요.

3 지퍼백 위에 물을 담은 컵이나 그릇 등 무거운 물건을 올려 원하는 형태로 눌러줍니다. 컵 바닥 모양이 나올 수 있게 컵으로 눌러 보세요.

4 석고는 약 10분 후부터 굳기 시작하여 30분이면 완전히 굳습니다. 석고가 딱딱해졌다면 지퍼백을 조심스럽게 제거합니다.

5 굳은 석고를 아크릴 물감으로 색칠해 컵받침을 완성해 보세요. 완성된 컵받침은 작은 물건을 올려두는 트레이, 인형 소품 등으로도 활용할 수 있습니다. 바닥 면이 평평하게 잘 굳어야 실용성도 높아져요.

🎨 놀이 Tip

➡ 석고 반죽에 물이 너무 많으면 단단히 굳지 않으니 점도를 꼭 확인해 주세요.
➡ 석고가 굳기 전 다양한 물건으로 눌러 자국이나 윤곽을 남기면 질감 표현도 가능해요.
➡ 투명 지퍼백을 쓰면 석고가 굳어가는 과정을 관찰할 수 있어요.
➡ 물감 채색은 석고가 완전히 건조한 뒤 진행해 주세요(보통 2~4시간 이상).
➡ 아이가 손으로 만든 무언가가 형태를 갖춰 단단히 굳는 물리적인 경험은 아이에게 성과에 대한 확신과 성취감을 심어줄 수 있어요.
➡ 완성 후 꾸미는 과정까지 포함하면 조형 감각과 색채 감각까지 자극할 수 있습니다.

추천 미술 놀이

접시 위에 나만의 이야기 그리기

포르투갈의 거리에는 벽을 가득 채운 오래된 파란 타일이 있어요. 이것을 아줄레주(Azulejo)라고 부르는데, 꽃무늬나 기하학적인 선, 이야기가 담긴 그림이 반복되어 이어지는 것이 특징이에요. 이번 미술 활동에서는 문양을 꼭 따라 그리지 않아도 괜찮아요. 아줄레주의 색과 선에서 영감을 받아, 접시 위에 나만의 방식으로 자유롭게 그려보세요.

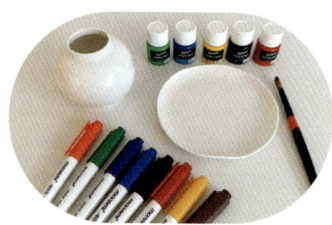

 **준비물**
흰색 세라믹 접시(또는 타일, 컵 등), 세라믹 물감 혹은 세라믹 마커, 붓, 물통, 팔레트

 **놀이과정**

1. 먼저 접시 위에 어떤 그림을 그릴지 이야기를 나누어 보세요. 뭘 그릴지 결정했다면 원하는 색으로 선을 긋고 점을 찍거나 그림을 그려 면을 채워보세요. 꽃, 물결, 별, 동물, 기하학 무늬 모두 좋아요.

2. 그림을 그려 넣은 접시를 오븐에 넣고 165도에서 15분 정도 구워 마감해요.

3. 문양 속 선과 색이 만들어 내는 리듬을 함께 감상해 보세요.

놀이 Tip

⇒ 두께가 다른 붓을 다양하게 사용해 보세요. 가는 붓은 선을 그을 때, 두꺼운 붓은 면을 채울 때 구분해 사용하면 표현이 더 풍부해져요.

⇒ 모양 하나를 여러 번 반복해 보세요. 원, 꽃, 선 등을 방향만 바꾸며 반복하면 나만의 패턴이 완성돼요. 틀이 없어도 조화롭고 멋져보일 수 있답니다.

⇒ 정확함보다 흐름을 즐겨보세요. 선이 삐뚤거나 삐져나와도 괜찮아요. 손의 움직임이 그대로 남는 것이 예술이 될 수 있어요.

⇒ 틀 없이 대칭을 만들어 보세요. 접시를 반으로 나누는 듯한 상상으로 좌우에 비슷한 색감이나 문양을 배치하면 자연스러운 대칭이 만들어져요.

타일 위의 예술, 아줄레주

아줄레주란 무엇일까요?

아줄레주(Azulejo)는 스페인과 포르투갈에서 자주 볼 수 있는 아름다운 장식 기법이에요. 아랍어 '알-주라이즈(Al-zuleij)'라는 말에서 왔는데, 뜻은 '광택이 나는 작은 돌' 정도로 이해하면 돼요. 벽이나 바닥, 건물의 외벽에 붙여서 커다란 이미지를 만들어요. 얇은 도자기 판에 그림을 그리고 유약을 발라 굽는 과정을 통해 만들어져요. 아줄레주 기법 타일은 표면이 반짝반짝하고 물이나 바람에도 잘 견뎌서 오랫동안 색이 예쁘게 유지됩니다. 포르투갈에서는 길을 걷다 보면 집 외벽이나 교회, 심지어 지하철역 등 곳곳에서 아줄레주를 볼 수 있어요. 단순한 무늬로 꾸며진 곳도 있고, 어떤 곳은 사람들의 모습이나 역사를 담아 구성한 큰 그림도 있어요. 아줄레주로 꾸민 건물을 보면 마치 야외 미술관에 온 것처럼 화려함을 느낄 수 있어요. 덕분에 거리가 더 아름다워지고, 사람들도 건축물에 담긴 이야기를 한 눈에 볼 수 있답니다. 단순히 예쁜 무늬를 보여 주는 데 그치지 않고, 역사와 문화를 담고 있는 특별한 미술 기법입니다.

세라믹 타일 예술의 역사와 매력

세라믹 타일 예술은 흙으로 만든 도자기 판(타일)에 그림을 그린 뒤 유약을 발라 구우면서 시작했어요. 고대 메소포타미아(현재 이라크 지역)나 이집트에서도 건물 벽에 빛깔 있는 타일을 붙여 꾸몄고, 그 후 이슬람 문화권에서 발전하며 유럽 전역으로 세라믹 타일 기법이 퍼졌답니다.

세라믹 타일 예술이 오랫동안 사랑받은 이유는 강한 내구성과 화려한 색감 덕분이에요. 도자기 판에 유약을 바른 뒤 높은 온도에서 구우면 물이나 바람에도 쉽게 상하지 않고 오랫동안 색이 선명하게 유지돼요. 벽과 바닥, 심지어 건물 외벽에 붙여도 오래 예쁘게 감상할 수 있답니다. 작은 타일 하나하나에 무늬나 그림을 그린 뒤, 이를 맞춰 나가면 퍼즐처럼 커다란 벽화도 만들 수 있어요.

어떤 지역은 꽃과 덩굴 같은 문양을 반복해 장식하고, 또 다른 지역은 사람들의 생활이나 역사적인 사건을 만화처럼 그려 넣기도 해요. 이렇게 타일 하나하나에 담긴 이야기가 모여 건물 전체가 커다란 스토리처럼 느껴지기도 합니다. 심지어 지하철역이나 다리 같은 공공장소에도 타일 예술을 활용해, 도시 전체를 야외 미술관으로 만든 예도 있어요.

아이들이 세라믹 타일 예술을 볼 때 "이 작은 네모 칸에는 어떤 그림이 그려졌을까?"를 찾아보며 관찰력을 기를 수 있고, 여러 장의 타일이 합쳐져 만들어 내는 큰 그림을 유추하면서 상상력도 키울 수 있어요. 혹시 기회가 되면 직접 조그만 도자기 타일에 그림을 그려 보는 활동을 해도 재미있지요. 뜨거운 열에 구워야 해서 조금 특별한 도구가 필요할 수 있지만, 완성되어 반질반질 빛나는 자신만의 타일 작품을 보면 세라믹 타일 예술이 얼마나 멋지고 오래가는 예술인지 더욱 실감하게 됩니다.